Rich致富274

誰A走你帳戶裡的錢？

銀行高層大爆料！為何你總是賺不到錢？

Johnny◎著

高寶書版集團

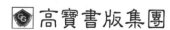

Contents

前言

一個銀行家的真心告白

這實在是一本會讓我被人痛恨的書！因為我即將在書中揭穿金融業背後的大黑幕，以及相關利益者慣用的騙局與手法。當你看到這本書的時候，代表我已經得罪一大票人金融界的朋友。未來，我大概也別想在金融業裡安身立命了吧。但摸一摸良心，還是不吐不快。

財富管理——銀行的搖錢樹

「財富管理」這幾年好熱門，市面上一堆書告訴你「要理財、要投資」，廣告也不斷催眠：要早點做好理財規劃，才能幸福退休。而且跟身邊的朋友一問，人人幾乎都是銀行的ＶＩＰ，或有專屬的理財專員和保險業務員。大家對「理財」的認知，就如廣告強力灌輸的「你不理財，財不理你」。但是，事實果真如此嗎？

記得以前在一家大型國際銀行做分行經理時，我們最重視的就是「財富管理」這塊業務了。原因無他，實在是太好賺，靠著一張嘴巴就可以賺到錢。銀行內美輪美奐的裝潢、員工的旅遊基金、令人流口水的年終獎金……，這些全都是託「財富管理」的福。這塊業務可以賺到錢的名目多達一、二十種，像是：手續費、基金公司退佣、通路折扣、保險費抽佣、基金轉換費……等等，難怪廣告一直慫恿你要定期定額買基金、要做保險規劃。但是你有沒有想過，你辛苦的血汗錢，可能就是銀行拿去付給廣告商的費用。

曾有銀行統計過，財富管理達五年以上且真正賺錢的客戶，根本不到一○％。這個數據很真實，因為在股市真正賺到錢的人不到一％，巴菲特年平均報酬率也不過略多於二○％，就享有「股神」的美名。所以，財富管理每年真正可以獲得兩位數報酬的投資少之又少，也就不奇怪了。試想，如果財富管理真的能讓你財富大幅增值的話，在我底下任職的理專和銷售主管應該早就發財成為爺們，也不用每天戰戰兢兢地不斷打電話、盯數字、推銷產品。真正在「財富管理」賺到錢的，是銀行、理專和發行金融產品的公司，不是你；你只能賺到上述這些人瓜分後剩下來的零頭。就如每件事情都有醜陋的一面，而你就是銀行醜陋面目下的犧牲品。

麥克・道格拉斯在電影《華爾街》中，有句經典台詞：「貪婪是好的」（Greedy is good.）。很多商業銀行和投資銀行對此奉行不渝。我曾經親眼看見我底下的理專，將一檔十五年期的連動債，賣給一位七十多歲的老先生。天啊！我當場大聲怒叱，我們怎麼能賣這種產品給他！十五年期耶！這位老先生都七十多歲了，如果他沒有再多活十五年，那他買的這檔連動債，就會因為沒到期而不保本，注定要虧損了！況且，這筆錢很有可能是他辛苦一輩子才攢下來的養老金，萬一十五年內市場發生劇變，波及到他的債券，那他一輩子的積蓄不就化為烏有了嗎？由此可以看出，理專經常為了追求高額的手續費和業績獎金，把客戶當成賺錢工具、亂賣產品。我相信目前銀行業還是這樣的風氣，高層主管大多也是睜隻眼、閉隻眼，畢竟沒有人會把業績和獎金推掉。但是，將心比心，如果這些事情發生在自己或親人身上，到頭來銀行卻把責任全部推給金融產品的發行公司，而發行公司要不是遠在天邊，就是早已人去樓空，投資人可真是血本無歸、欲哭無淚了。

怎麼玩客戶、養客戶，是不能說的祕密

後來我跳槽到一家全球大型私人銀行任職。他們賺錢的技巧更是高超，手法更精妙，客戶也更有錢。光是把銀行的名號打出來，就會有一票客戶自動把錢送上門，但真正賺到錢的客戶也不過三、四成，只是績效確實已經比一般商業銀行強太多了。

私人銀行的產品更複雜、種類更多樣，沒有幾個客戶能真正搞懂（說真的，有時連我也搞不太清楚），我們只是把客戶唬得唯唯諾諾、言聽計從，再從中大賺一筆。有時客戶都被我們賣掉了，還不斷地向我們道謝呢！私人銀行大多

會教育客戶一些理財觀念，好讓客戶不會對投資報酬率那麼斤斤計較，再搭配一些商業銀行無法提供的服務，讓客戶更樂意掏錢委託銀行理財。但是羊毛出在羊身上，他們所提供的周到服務，最後還是由你買單。對於私人銀行而言，只要多提供一些服務就能讓客戶更忠誠，還能再多賺一筆服務費，何樂而不為？總之，私人銀行也不會比一般商業銀行好到哪裡去。

投資銀行更是不遑多讓。早期的投資銀行在台灣都是以併購生意為主，很像李察・吉爾在電影《麻雀變鳳凰》中的職業。但現在投資銀行生意可真是五花八門、包山包海。投資銀行與私人銀行最主要的差異是：前者的客戶是公司，另一個是有錢的個人或家族，但本質上都是要賺錢，只是投資銀行比起一般的商業銀行和私人銀行，更懂得操弄人性、更懂得如何從客戶身上賺到錢。投資銀行可說是貪婪與欺騙的結合，根本可以改名叫「投機銀行」。

「財富管理」這塊業務在台灣的銀行界，早已成為一級戰場。隨便走上一條街就有好幾家銀行，各家的產品都差不多，而商品的手續費早已殺到血流成河，更遑論一些國際型的私人銀行也來台灣搶生意，你可以想像戰況有多慘烈。

另一方面，台灣這幾年薪資都沒有提升，物價卻不斷攀高，可以用來投資的錢就相對減少，加上現在的客戶也會拿各家產品自行上網查資料、比較手續費和產品優劣。在這種群雄爭霸的競爭氣氛中，玩客戶、養客戶就變成銀行界、證券業非常盛行的手段，也是這兩種行業裡不能說的祕密。

很多人批評華爾街那些貪婪的投資銀行家，怪罪他們搞垮了世界的金融，而我就是要把他們向來瞞天過海的伎倆公諸於世，讓你知道你辛苦的血汗錢是怎麼被他們玩弄於股掌之間、為什麼你的投資總是賺不了錢！

錢多多又聽話，我們才是一家人！

在台灣，理財行銷非常普遍。你或許常有這樣的經驗：接到理專的電話，說你是某銀行的優質客戶，要推薦你買某張保單或某檔基金，而且還是信用卡的優質客戶才享有的特別專案。

我在金融業那麼久，哪有看過什麼優質客戶？所謂優質的客戶，就是可以讓銀行賺錢的笨蛋客戶；口袋很深、但頭腦清楚的客戶，才不是優質客戶。銀行最喜歡的客戶，是錢多多又對理專言聽計從的乖寶寶。銀行最怕的客戶是，把一大筆錢放在銀行，卻不太去動用，或一兩年只買過一次保險，這種客戶銀行根本沒賺頭。

我們也很怕客戶來定存，因為銀行還要付出較高的利息，對我們來說是「得」不償「失」。所以，倘若你有大額定存放在銀行，你絕對是理財產品部門要行銷的重點客戶，會常接到理專的推銷電話，告訴你現在有什麼金融產品很棒，是很難得的機會，這全都是推銷的話術，千萬別上當。

不論你在銀行眼裡有多優質，你當真相信銀行會像廣告裡所標榜的：「珍惜所託」、「We are family」？廣告行銷的策略界早已過時，只剩下少少的形象廣告，主打感性訴求，目的就是為了把更多潛在客戶騙進來。形象廣告雖然效果不比理專直接接觸客戶、向你推銷來買產品那樣好，但是對於沒時間跑銀行、用網路下單的客戶來說，銀行的形象和專業就變得很重要了。

只不過，當你沒錢時，你覺得銀行還會把你當 family 嗎？當然不會！銀行又不是慈善事業，形象廣告只是要讓你在想要投資理財時，能記起某家「溫馨感人」的銀行，廣告就達到目的了。

二〇〇八年美國次貸風暴發生後，讓很多客戶對理財專員不再那麼信任，有關單位對銀行也紛紛祭出各種限制條件，要求客戶投資前必須簽署一大堆的風險預告書，銀行也必須調查客戶的投資屬性，更不能賣連動債給客戶。

只是，道高一尺、魔高好幾丈。銀行在台灣會受到金管法規範，大家馬上另闢「境外投資」的戰場來因應。什麼是「境外投資」？簡單說，就是把台灣的客戶帶去香港或新加坡的分行開戶，順道推銷當地的金融商品，以便擺脫台灣金管法規的限制。香港或新加坡分行的理專，還會利用假日飛到台灣，幫台灣的投資人開境外戶頭。

這種業務有多熱門呢？每個月一家銀行起碼要開個三、四十戶！不少台灣人的錢，就是這樣透過境外投資轉移到國外，再也沒回來了！如此一來一往，銀行不但手續費照賺，境外商品還可以再剝客戶一層皮！

中國都在瘋放貸

這一兩年我到中國幾家大型銀行，從事財富管理及私人銀行相關業務的培訓工作。財富管理在中國也是一級戰場、百家爭鳴。不過由於中國當地的定存利率較高，理財型產品反而不如台灣瘋狂，他們最流行的投資，除了房地產之外，就是當地下錢莊了。

中國這幾年經濟發展迅速，地方政府及民間資金需求孔急，但不是每家企業都能從銀行借到錢，畢竟銀行的資金有限，一定是優先貸款給國營企業、地方政府，很多沒有特殊關係的企業為了發展的需要，迫不得已只得向民間借貸。在這資金孔急的時代，誰有現金誰就是老大，借貸的年息狂飆到一七、一八%，十分嚇人！

聰明的中國人當然不會放過這個賺錢的機會，大夥紛紛成立信託或是投資公司。這種公司憑著良好的政商關係，能夠以一一、一二%的較低年息向銀行借貸，再以一七、一八%的年息轉手貸款給一般的中、小企業，這種轉手再大賺一筆利差的放貸，其實就是地下金融，卻是中國當前熱門的新興行業。大家在電視上常見到的中國「土豪」，嫁個女兒都是大筆現鈔外加超級跑車，很多人就是靠搞這種放貸生意致富。

中國政府當然也知道這種現象，但為了經濟發展，在有限的範圍內就睜隻眼閉隻眼。只不過很多人借錢的目的其實不是為了企業發展，而是拿去炒房、炒樓，這才是最大的風險。萬一哪天房市大幅下跌，一連串的連鎖反應，中國的銀行理財客戶一定損失慘重，因為中國的銀行早就透過理財產品，把風險轉嫁到客戶身上。大陸的理財客戶雖然可以賺到七、八％的年息，卻要負擔大部分的風險，而銀行則穩賺四、五％的年息，難怪中國銀行業到現在為止還是個暴利行業。

這本書，將徹底改變你的投資理財觀念！

很多人都有投資理財的觀念與經驗，但是不對稱的訊息與錯誤的投資觀念，往往讓投資理財的效果不如預期，相信大家多半都有虧損的經驗。目前是外資、主力、投信盛行的時代，你只能眼睜睜看著外資不斷賺走台灣人的錢、投信代操不時傳出弊案、股市主力與公司派炒作股票大賺一筆、基金報酬率又不如預期，保險能買到的保障越來越少，費用卻越來越貴。

近年來，除了房地產，大家在投資上真正賺了多少錢呢？我相信很多人是報喜不報憂，甚至會自欺欺人地認為，只要還沒出場就不算賠。以我在金融業的十幾年經驗告訴你，投資理財真正賺錢的人不會是你，而是我準備要向各位介紹的一群人。這群人正躲在你的背後，操縱你的財富管理，你卻渾然未知。對他們來說，如何投資理財不是重點，重點是如何設個完美的局讓你傻傻地跳進去，讓他們可以笑得更久。

看完這本書之後，相信便能改變你對投資理財的觀念，了解其中的內幕與玄機，從今而後，才懂得如何與金融業者應對周旋，為自己的投資謀取最大利潤，並在未來規畫投資和財富管理時，懂得提高風險意識，獲取更理想的投資報酬。

第一章

你的財富怎麼愈管理愈少！

從你踏進銀行的第一步開始，我們就在設想怎麼賺你的錢！

一般的銀行，在台灣叫做「商業銀行」，中國則稱為「零售銀行」。大部分的人去銀行，不外乎是存款、繳費或是換外幣。提供這些服務，銀行根本賺不到什麼錢，銀行最主要的收入來源其實是「財富管理」，而這種收入叫做「手續費」。

不要看商業銀行又大、行員又多，其實總括起來只有兩大類業務：「一般作業」和「財富管理」。一般作業我們習慣叫「作業面」，就是民眾常用到的存款、代繳費、外幣兌換……等。銀行的財富管理業務，我們叫做「銷售面」，就是要販賣金融商品給客戶。「作業面」的業務對分行的收入貢獻不大，「銷售面」的手續費收入才是我們的搖錢樹。這種沒風險又有穩定報酬的業務，真的比貸款好賺多多，連徵信成本都可以省了，我們怎麼捨得放過！怎麼賺？當然是要客戶向我們買金融商品啊！

理專每天的工作，就是「釣魚」

「李媽媽好」「張爸爸好」，客戶一進分行大門，理專就開始認爸認媽的，客戶一聽，馬上心情大好，在家裡連自己兒子、女兒都不會這樣親切地招呼自己。是的，銀行給客戶的第一印象很重要，但這只是銷售的話術，銀行客戶那麼多，沒讓我們賺錢的客戶還真的是記不太得！

我們私底下把客戶稱作「魚」。魚當然有分「大魚」和「小魚」，大魚是大客戶，小魚是小客戶，而且還分不同種類：「虱目魚」就是「白目魚」，泛指奧客，沒什麼錢又愛抱怨；「吳郭魚」就是「吾刮魚」，泛指已經被理專刮乾淨的客戶，目前沒有多餘的錢可以再投資其他金融商品；「大鯨魚」指有錢的客戶，但對金融商品興趣缺缺，要不就是買了產品就不想動的「凍投戶」，從他們身上根本撈不到什麼油水。這幾類客戶都不是我們感興趣的，服務他們其實很浪費時間。

可是我們一樣也對「鯊魚」敬而遠之，這類客戶萬分機伶，有時還會偷偷錄音，跟他們說話要小心謹慎，免得給自己捅出個大婁子。另外，還有一類是「章魚」，這種客戶很會殺價，手續費、基金管理費……，樣樣都要求給點折扣，真是不勝其擾。我們每天的工作就是等魚上鉤，更大的「魚」，必要時就得親自出馬去捕抓了。

「好東西」，只和「好客戶」分享

一名理專大約有一百五十至兩百位客戶，真正經常往來的客戶也有六、七十位，一個月少說要達到幾百萬的業績；資深理專每個月的業績要求更高達二千萬。理專要如何在最短時間內達成業績要求？不二法門，當然就是優先服務對業績最有貢獻的大客戶啦。

所以如果你有一段時間都沒去銀行理你的財，你就會發現，理專對你不再像以前那麼殷勤、甚至沒空接待你了。現實就是如此，畢竟做成一個大客戶的收入，比做成好幾個小客戶，對業績更有貢獻。所以我們都會盡量把好商品留給大客戶（雖然銀行沒有真正好的商品，但有相對較好的商品）。小客戶來來去去，少一個對銀行來說並沒有什麼，廣告打一打又有新的小魚會進來，但是讓大客戶跑走了，事情可就大條！

銀行最喜歡的大客戶，就是錢多、客訴少、隨時有錢加碼，買商品時比較不會殺價、問東問西。雖然這類客戶通常很忙，不容易見得到，但是對銀行來說，不需要花太多時間和成本去維護，卻很有實質貢獻，是人見人愛的「大魚」。

為了綁住大客戶，我們還常會和不同機構合作，推出各類活動招待大客戶，最常見的就是音樂會、紅酒鑑賞會、廚藝表演或藝術展覽會。銀行經常贊助這類活動，所以可以不花什麼額外的成本，順道籠絡大客戶的心。但為什麼其他單位舉辦的活動，會願意保留給銀行的客戶？理由很簡單，誰不喜歡肥魚呢？這些單位當然希望銀行的大客戶，有朝一日也能變成他們的大客戶。

理專，只是穿西裝、踩高跟的業務員

台灣人很喜歡理財，像投資股票，哪支可能是明牌？市場上又有什麼小道消息？簡直比股票營業員還要熟門熟路。講到技術分析，更是頭頭是道，壓力、支撐都有自己的獨門見解，我們理專根本插不上嘴。但是，一談到銀行的金融商品，一般人可就是為之氣短了！

的確，金融商品真的很複雜。但很多客戶拉不下臉，在我們介紹連我們自己都不見得真懂的商品時，他們經常不懂也要裝懂，畢竟他們總自認為是社經地位較高的一群，這種時候就是我們「刮魚」的機會啦，憑著三寸不爛之舌和裝出來的專業，讓客戶乖乖買單。加上很多客戶都寧願信任理專，只要商品標榜「理財」兩個字，即使對商品霧裡看花，還是會硬著頭皮簽名買單，好像只要理專一出手，他們的小錢鐵定就能變成大錢。

然而，理財專員真的這麼會理財嗎？真有那麼厲害，他們就不需要辛辛苦苦，靠著說破嘴哄你投資來賺死薪水了。

很多人把理專看成是專業經理人的化身，對他們的建議言聽計從。其實，銀行理專就是業務員。你買保險時，會有自己的保險業務員；買房子時，會有房屋仲介帶你去看屋；而理專，就是賣金融商品的業務員，如此而已。

銀行總公司為了激發理專銷售金融商品的績效，常會舉辦業績競賽，公布全區域和全國的排名，前幾名的理專不但能在頒獎大會上接受表揚、領取獎金和獎牌，還能獲得出國旅遊的全額補助。在這種競爭壓力下，每個理專無不卯足全力販賣產品，深怕排名難看，成為主管重點督促的對象。據我的經驗，全國業績第一名的理專永遠都是女生，而她們的大客戶多半是年紀稍長的有錢男性，當成功的老男人遇上年輕貌美的理專，就是我們最佳業績的保證。因此，在分配客戶時，我們都盡量促成這樣的「黃金組合」。

你的錢，其實只進了金融體系三流人才的手裡

台灣理專的學歷普遍只有專科或是後段私立大學畢業而已，他們只需要再加考幾張金融證照，就可開始賣商品。真正一流大學的畢業生、碩士生或是喝過洋墨水的，銀行大都會留給交易部門或高階管理部門使用。畢竟，一家銀行除了分行協理、經理屬於管理階層，需要較高學經歷背景外，其他像是業務主任、理專或是臨櫃櫃員，只要一般學歷的人就可以裝專業騙騙你了。

說穿了，銀行的專業分級就是：一流人才做交易和併購，替銀行老闆和大股東賺錢；二流人才做企業金融，服務大企業客戶；三流人才到分行做業務，

服務一般客戶。從這樣的分配來看，你認為你遇到的理專能有多專業、多會理財呢？至少在整個銀行體系中不是真專業。

但是，誰會把一大筆錢交給不夠專業的人去投資？所以理專除了要精心打理自己的門面，名片上的頭銜也要夠響亮：不外乎是些「理財顧問」、「經理」看似大有來頭的職銜。但實際上，理專們大多只比一般人稍微多懂一點金融知識，再搭配上公司教育訓練出來的流暢口才，就足以讓客戶心甘情願上鉤了。

雖說理專只要考幾張證照就可以賣商品，但也不是每位理專都能通過。於是，「借執照」在我們這行就成了公開的祕密。有時你跟理專買了投資型保單的商品，但仔細一看，卻發現底下署名的保險業務人員卻是另有其人。這是因為，你的理專可能沒有「投資型保單」的證照，只好找有執照的同事幫忙署名，以便完成這次交易。

大部分客戶不會細看保單上密密麻麻的說明。如果真有客戶發現，這時銷售技巧又來了，我們會立即找個話題分散客戶的注意，這招通常都可以矇混過關。再加上每份合約書底下都有一段字體小到看不清楚的「免責條款」，要是真有什麼糾紛發生，客戶也只能自認倒楣，銀行卻沒事得像個「不沾鍋」！

另外還有種常見的現象是，今天要賣客戶的商品，理專是昨晚上課時才第一次聽到。有時上課期間電話多，或是邊上課邊處理雜務，完全沒專心上課，更別說真正了解上課內容。不過，只要理專能把商品賣出去就好，銀行高層才不會管那麼多。客戶想穿透複雜的金融商品，辨識出理專的專業度，更是難上加難了！

五分鐘破心防、十分鐘展專業、三十分鐘套交情

「銷售技巧」、「話術技巧」、「應對技巧」，是銀行教育訓練的三大重點。

我前面說過，一位理專要負責的客戶少說有六、七十位，但時間有限，所以我們會要求所有理專，必須在最短時間內跟客戶搭上線。我們會訓練理專磨練各種不同話術，讓客戶打開心防，願意繼續聊下去。其中最常見的就是「五、

十、三十」法則了。

什麼是「五、十、三十」法則？就是要設法在五分鐘以內跟新客戶打開話匣子，聊聊新款手機、出國旅行經驗、養生……，什麼都行。只要新客戶願意跟你聊，就代表你已經搭上線，接著就要進行「十」了。

這個「十」，就是用「十分鐘」展現專業，務必要把外行的呆瓜客戶唬得一愣一愣，相信理專的專業，放心把錢交託出去。很多客戶就在這十分鐘的騙局中，一步一步將自己的血汗錢丟進銀行口袋裡。為了搞定這「人生」重要的十分鐘，也給新客戶留下好印象，或是讓老客戶更加忠誠，我們會要求理專多多學習時下最流行的資訊、說話技巧、上層社交話題與品味（如紅酒、高爾夫）……等。如此，客戶便會信服理專的專業與見識，進而相信理專是可以與自己談心的好夥伴。

「十」過後就是「三十」了，也就是每次至少要和客戶聊上三十分鐘。為什麼是三十分鐘呢？經過歐美心理學的研究指出，認識一個人，交流的時間必須達三十分鐘才能留下印象。有些客戶是大老闆或貴婦，每天要見很多人，倘若只是見一面、寒暄幾句，不出幾天就忘得一乾二淨。所以，跟客戶至少聊上三十分鐘是銀行界的基本要求。這種作法也能讓老客戶感覺不被冷落，未來更願意買新商品。

問候的電話總在投資快到期前響起

除了上述的話術技巧，在產品銷售之前，基金和保險公司都會派員為理專上課，並提供「Q＆A」教材，指導理專如何賣商品。「Q＆A」就是教戰守則，台灣的詐騙集團也有這種工具，你會問的問題都囊括在Q＆A之中。你應該會發現，所有理專在講解產品時都對答如流，這是因為菜鳥理專都陣亡了，你碰到的理專大多是身經百戰，在與你碰面之前，不知已演練過多少回。

銀行每天早上開門之前的八點、還有關門之後的五點，就是開銷售戰略會議的時間。所謂「戰略會議」，就是向上級提報，未來幾天預訂要向哪些「魚」

推銷，預期會有多少業績?要用什麼銷售技巧及戰術，讓客戶簽字買單?折扣的底線在哪裡?等到都討論完了之後，大家出發「捕魚」去!

還有一種話術，就是「祝你生日快樂!」突然接到理專親切的問候電話，那肯定是你的某項金融產品快到期了;到期後，你又會有一筆「可動用資金」，怎麼可以放過這個再賣你金融產品的機會!有些連動債一檔就是五年、八年期，你買過之後可能早早就忘記了。不要擔心，為了再賺你的手續費，我們都會提醒你，即使是你的理財專員換人也一樣。

銀行的電腦系統每天都會跳出各種訊息，通知理專哪位客戶的哪項產品快到期了，提醒大家準備衝新的業績;甚至會主動提供客戶，生日當月買理財型商品的手續費折扣。其實這個折扣是你平常殺價也會有的，生日月的折扣，只是把「魚」騙上門的噱頭而已。

為免客訴，用力教育客戶「投資有風險」

理專每天經手這麼多業務，難免會發生客訴和糾紛，這種情況我們戲稱是「被魚咬」。銀行客訴通常只會發生在客戶賠大錢時，例如二〇〇八年的美國次貸風暴，而且真正會到向銀行客訴的都只是小客戶，大客戶通常與銀行高層熟識，根本不需要向銀行理專客訴。

銀行處理客訴只需三步驟。首先安撫客戶，讓客戶覺得我們很重視他；其次就是承諾一定會妥善處理、向上呈報。但我們才不會真的呈報給高層，畢竟手續費都已經入袋，怎麼可能退還？銀行只是個代銷通路，替基金公司、投資公司、保險公司等機構賣商品，沒有他們，我們哪有商品可賣？這些公司可說是銀行的衣食父母，我們根本不可能替客戶向他們求償。所以最後，就是要設法讓客訴不了了之。

我就看過同業在遇到客訴時，派出資深理專，假冒分行經理去安撫客戶；客戶一走，這樁客訴案當然就自動結案了。偷偷告訴你，銀行最怕的客訴，就是你投訴到媒體和金管會，這樣就會驚動銀行高層。這才是最有效的客訴方法。

為了減少客訴，很多銀行開始把「教育客戶」列為業務重點。台灣人的理財觀念比較好，知道投資必然有風險；在中國，很多人認為銀行賣的東西一定「保本」，因而衍生出許多糾紛。在這方面，我可要替銀行說句公道話。有些客戶自己投資股票，跌了二〇％、三〇％眨都不眨一眼，但是向銀行買的金融商品要是跌了二〇％，那可就鬼哭狼嚎，硬指是我們害他賠了錢，因此銀行要未雨綢繆，趕緊在投資最初，先積極教育客戶，以絕後患。

睜大眼看清楚，金融商品不可能沒風險

我們經常在電視上看到，銀行為「財富管理」、「信用卡」這兩項業務打廣告，其他業務卻很少見到廣告。為什麼呢？簡單說，就是這兩項業務最賺錢，這其中哪有什麼學問。

這些廣告都是靠客戶的血汗錢贊助，高額廣告費才花得下手。廣告內容大都訴求溫馨，把理專塑造得既專業又體貼，恨不得讓全家老老小小都把辛苦錢交給銀行去理財。不過，這些都是假象！各家銀行能賣的商品就是那幾種，不論是誰的錢送進來，也只能在那幾種商品之間打轉，哪能提供什麼用專業特別量身打造的理財專案呢！

銀行推銷不只透過電視廣告，理專本身就是個推銷高手。報喜不報憂就是銀行的主要行銷手法；我們只會慫恿你「理財抗通膨」、「早點理財早點退休」，激起你對未來美好的想像，但一定不會告訴你，萬一買到的金融商品倒楣遇到金融海嘯或市場表現欠佳時，可能連退休金都賠光光，未來美夢有可能變成恐怖的噩夢。

想也知道，金融商品怎麼可能沒風險？偏偏合約上的風險聲明文字小到像螞蟻，其中還註明：「未盡事宜請參閱英文產品公開說明書，並以英文產品公開說明書為最終商品條件依據」。試問，有多少客戶能完全看懂英文說明書？這簡直是欺負客戶！若遇到仔細的客戶，還真問起這項聲明內容時，我們就會告訴客戶：「這是金管會要求的制式聲明，每項商品都有，看看就好。」——又是一個唬人的話術，真是「銀行為刀俎，客戶為魚肉」！

「賺很大」的商品名稱，勾得客戶心癢癢

風險比較高的金融商品，銀行會用一個「聽起來」比較不那麼風險的名字去包裝。像是「高收益債券型基金」，聽起來好像是債券的利潤很厚實、沒什麼風險。其實這種債券能給投資人那麼高的報酬，當然有問題。而「高收益債」就是「垃圾債」，是市場上根本沒人敢要的公司債，不得不透過超額報酬來吸引客戶。哪天這些公司還不出錢了，他們發行的債券也就成了垃圾，所以大家慣稱它們為「垃圾債」。

高風險的外匯選擇權也有一個好聽的名字，叫做「雙元雙利」。聽起來好像兩頭賺，還賺兩頭利！真是想得美！其實這是一種短天期的外匯選擇權，就

是外匯期貨，賭對了也只能賺一邊，不會賺兩邊。賭錯了，那可就會既賠了匯差又賠利差。根據我的經驗，大概只有二〇%的人會賭對，因為銀行是大莊家，跟他們賭，怎麼可能有多大的勝率呢！

投資型保單的名字就更好聽了，例如：「富貴人生專案」、「福利雙收專案」。既然是投資型保單，就代表有風險，也可能不會保本，如果存續期間遇上市場震盪，保單照樣滅頂。通常名字好聽的金融商品專案，都是為了引起客戶的購買欲，廣告只會特別強調它可以獲利的一面，好移轉客戶對它背後隱藏風險的注意力。

在賣金融商品之前，金管會會要求銀行對客戶做風險評量，好了解客戶的投資經驗、風險承受度、金融商品的知識……等。這項政策真是幫了我們大忙，讓我們省下很多了解客戶的時間。有了這些資料，我們就可以直接拿出「最適合賺客戶錢」的商品——讓我們最賺錢的商品。

金融商品的特性與股票不太一樣，一買下去後，短則套住數月、長則套住多年，所以如果客戶不指定的話，我們當然要推薦目前手續費及佣金能賺最多的商品，可沒人願意學王寶釧「苦守寒窯」哪！

做財富管理，就像踏進整形醫院美容

客戶買了某項金融商品後，那些錢一定會套住一段時間。這樣一來，理專要怎麼繼續賺錢呢？沒有其他撇步，只能不斷「建議」客戶買這個、買那個，讓客戶的錢動起來。每成交一筆新商品，就再賺一次手續費，我們的收入才會源源不絕也跟著「動起來」。

我們最喜歡推的就是基金了。基金商品簡單，大部分客戶對基金也有一定程度的了解，不需要我們說破嘴，就能在很短時間內成交，而且客戶的錢也不會長時間套在同一支商品上，因為我們會不斷用各種話術「洗腦」，讓客戶贖回舊基金，換買新基金。基金的手續費和管理費一向都很高，這些錢就是你貢獻給基金公司和銀行的費用。

如果你是定期定額的客戶，那我們就賺更多了！所謂定期定額，其實就是定期定額讓我們賺手續費。真正理財的方式應該是「定期不定額」才會賺錢，市場低迷時加碼投資多買，市場熱絡時減碼少買，這樣基金成本才會更低，報酬率才會更好。

那為什麼很多專家還是建議定期定額呢？因為每月固定以三、五千元買基金，等同強迫自己每月把這些錢省下來，積少成多，也算一種大眾都可以接受的理財方式。當然，這對理專來說，也相對每月都可以擁有「穩定」的收入。因此，無法自行關注市場行情和走勢的客戶，也只能選擇「定期定額」讓銀行賺手續費了。

銀行的財富管理業務，跟現在一種很夯的產業極為神似——醫美業。去整形美容時，經常會碰上這種畫面，整形醫師看了看說：「嗯！建議你鼻子可能要做一下，看起來更漂亮。」鼻子做好了，果真效果不錯。過幾天回診時，醫生又建議：「嘴巴可以順便做一做，反正都來了，平常可是要提前一個月預約！」好，那就順便修修嘴吧！醫生又補充，「對了，現在打玻尿酸有折扣，只限老客戶！我可是『偷偷』告訴你的。」結果你就這麼一路做下去！

整套做完後，你發覺自己果真年輕好幾歲！不禁暗喜：這位醫生真是我生命中的貴人！下次再上診所，醫師說什麼，你都說好。最後抗老、除疤、美容保養產品買了一堆回家，每個月還定期報到打個肉毒桿菌。

理財銷售也是這樣的！銀行永遠有新產品可以介紹給客戶，你永遠有需要理財的時候，我們會不斷「創造」你的需求，畢竟，一魚總是可以好幾吃的嘛！

買房都能殺價，買金融商品為什麼不能殺！

一般人買房子時，通常不會乖乖接受建商或屋主最先開出的售價，總得殺它個一兩成。那麼到銀行買金融商品時，手續費為什麼不能殺！

手續費當然可以殺，只不過我們不會主動告訴你。畢竟現在銀行和基金的手續費都殺到見血了；再加上如果讓客戶殺價成功，以後就都要給折扣，銀行還賺什麼？因此我們在賣商品時就要「先下手為強」，在你開口前，先拋出些小折扣，還不忘強調是你獨享的優惠。一般客戶看到「已經」有折扣了，多半不好意思再往下殺。這種「小惠」根本是虛晃一招，其他客戶統統有獎，哪裡會對誰有特別優惠？

如果真遇到殺手級的客戶，我們也會先套好招，把手續費報高，再由理專假裝「面有難色」地去請示主管。其實是進去跟主管報告：「這條魚準備上鉤了」，再回頭轉告客戶，「主管特別給你手續費優惠，別人可沒有的，千萬要保密！」我們其實是怕你告訴別人之後才發現，根本沒有給你特別優惠！

為了維繫和大客戶間長久的關係，有時我們會願意多給些折扣，但這只是挖東牆、補西牆的手法。我們都會建議大客戶要做些資產配置，美其名是幫客戶分散投資風險，但主要還是建議能讓我們賺最多手續費的商品組合。所以，其中一項商品給客戶多點折扣無妨，下一項商品賺回來就是了。

坦白說，手續費就是銀行的主要收入來源，高一點的手續費折扣都必須往上呈報，高層批准了才能放行。所以不論理專給你多少折扣，最終他還是會想辦法從其他地方賺回來。

投入境外基金的錢，就像潑出去的水

財富管理的眾多產品當中，能從客戶身上賺最多手續費的，就屬境外基金了。境外基金是由海外的基金公司來台灣募集投資者，透過國內的投信、投顧、銀行、基金子公司或代理公司等機構，販售他們的商品，例如「富蘭克林坦伯頓成長基金」、「摩根東協基金」等等。

境外基金的發行公司，都是國外的基金公司，所以商品大多以「美元」或「歐元」計價，客戶要買這類型的基金，首先必須將台幣兌換成外幣。這些外國基金公司為了打開台灣市場，通常會提供較高的手續費抽佣給各銀行或代銷機構，這樣理專多推銷他們的商品，自己也能多賺一點，因此這類基金常常是銀行推銷的重點。

投資境外基金除了商品本身的風險外，還有兩大風險：一是外幣匯兌損失風險；另一就是基金公司都在國外，萬一基金報酬率不佳或基金公司倒閉，投資者很難在第一時間得到幫助。可是理專不會跟你說明這些，他們只會不斷催促你，趕快搭上黃金和原物料上漲的列車。

這些基金公司大多是國外著名的基金公司，確實擁有專業的經理人和研究團隊，報酬率也比部分國內基金好些；但相對的，基金管理費和手續費也比較高，因為羊毛出在羊身上，他們給銀行或通路的佣金較高。報酬率和高管理費這樣一加一減，客戶實際上獲得的報酬可能和國內基金不相上下。

問題是，錢都換成了了外幣，哪天想要贖回，這時理專就會告訴你，「會產生匯兌損失喲！」再對客戶洗腦，「要不要去買其他相同幣別的境外基金？」就這樣，你的血汗錢從此開始環球旅行，經過一家又一家的境外基金，永遠回不到自己的口袋！

這就是你的投資總是賺少賠多的真相！

我在金融業做了十幾年，坦白說，還沒有看過買基金而真正致富的人，只常見到手續費一繳再繳的忠實客戶。且讓我為各位揭開，投資基金不賺錢的幕後真相：當你為了投資基金小賺一成、兩成而沾沾自喜時，國際大型投資公司恐怕早已趁著熱潮，穩賺好幾倍走人了。

黃金投資潮來襲時，大家一定一窩蜂搶進黃金基金或黃金存摺；原物料上漲時，巴西、俄羅斯基金一定成了最夯的投資標的。這些基金在投資大潮來臨時，哪一個不是賣得嚇嚇叫，根本不需敲鑼打鼓，就有一大票人搶著付錢投資，但當金融海嘯來襲時，多數卻成了跌最慘的基金。這些看起來機不可失或銳不可擋的洶湧大潮，說穿了都只是配合國際大型投資銀行、投資機構的炒作而已。

他們操作的手法其實很簡單。例如，國際大型投資機構買進新興市場基金後，就會炒高當地的股市、房市和匯市；這就是央行總裁彭淮南所說的「熱錢」。但這只是剛開始，後頭還會有源源不絕的熱錢跟進，有來自國際有錢家族的理財室、全球頂級富豪的私募基金、私人銀行的大客戶等等。這些人是真正有錢的大客戶，付得起高額手續費，所以這批人總能及早獲知投資機構的宏大布局，而搶得進場投資的先機。

等你看到電視紛紛傳出看好黃金和原物料的消息，平面媒體到處打廣告，理專也開始向你推薦時，通常只能加入熱錢的末班車了。這時候當然獲利最少、風險最高，因為熱錢隨時可能會撤離。你的辛苦血汗錢，就常常隨著這金融世界的波動載浮載沉。運氣好時，你在反轉之前就退場，賺到二〇%，但是那些國際大型投資公司、頂級富豪，卻是賺了一〇〇%、甚至二〇〇%，並且保證全身而退！

投資型保單也是個熱賣的商品，大家會覺得既有保險的保障，又可以兼做投資理財，真是一舉兩得！但大家往往忽略了，有些投資型保單提撥了相當大的百分比在保費上，你繳了一萬塊，真正用在投資上的可能不到一半，而且你所投資的標的還可能會虧損，如此一來怎可能有多高的報酬！

為什麼會有投資型保單這種商品呢？過去保險公司力推的儲蓄險，在這幾年利率走低的情況下，造成保險公司給付利息的龐大壓力。為了替保險公司當前低利率、高給付的困境解套，於是就推出「投資型保單」，說服保戶解除原先買的「儲蓄險」，把投資風險移轉到保戶身上。

沒想到這種產品推出後就一炮而紅，多家保險公司紛紛跟進，保險公司的壓力頓時減輕不少。投資風險就這樣偷偷摸摸地回到保戶身上，很多小型的保險公司因而安全地度過低利的難關。這幾年金融商品日益複雜，都是用一些難度很高的微積分和數學計算出來的，一般人根本看不懂。

近年來，美國政府及民間對航太科技業的投資，已經不像雷根政府時期發展星戰計畫時投入那麼多，於是很多頂尖航太科技人員便轉戰華爾街，運用他們數學及物理的天份，替美國大型投資銀行設計金融商品。這些金融商品，都是經由電腦處理複雜的數學計算及財務模型跑出來的東西，外人很難搞懂葫蘆裡賣什麼藥，導致今日很多金融商品的複雜程度超乎想像，也加劇全世界金融市場的動盪。

變調的財富管理，最後恐以「雙輸」局面收場！

最初，銀行的「財富管理」並非一項業務，只是提供給長期往來的大客戶、老客戶的一項附加「服務」，幫他們篩選出可投資的金融商品，讓他們在銀行裡的大筆存款有出路，同時減輕銀行的利息支出。

當時這項服務只收取低廉的「轉介服務費」，手續費都由投資者與金融商品公司自行商談，銀行提供的服務只是「牽線」、「介紹」而已。那時候的財富管理，是先有商品，再去找認識、合適的客戶，然後把這些客戶推薦給金融商品公司，由他們派人負責銷售。

台灣經濟起飛後，客戶放在銀行裡的「閒錢」越來越多，銀行為了減輕日益加重的利息及業務負擔，開始引進、仿效國外大型商業銀行，成立專門的「財富管理」業務及產品團隊，就是各位在一般商業銀行裡看到的理財專員。現在，「財富管理業務」變成商業銀行最主要的業務之一，隨著銀行越開越多，客戶卻未隨之大幅成長，這項業務也變成一級戰場。

在這種情況下，當初全心為客戶「服務」的本意逐漸消失，轉而以賺取「手續費」、「退佣」為主的業務導向，使得「財富管理」這項業務，變得更看重是否賺得到客戶的錢，勝過關心客戶的風險和感受。長此以往發展下去，我相信，最後的結局，就是銀行和客戶「雙輸」的局面。

第二章

商業銀行驚人的背後

銀行除了財富管理部門透過銷售金融商品賺取手續費之外，另一項主要收入來源是放款的利差。一般銀行在收受存款後，就必須開始為這些資金找出路。你或許會馬上想到，透過房屋貸款借錢給民眾這個管道。

其實，各家銀行的房屋貸款借貸利率差距都不大，對銀行來講，房貸只是擔保品的風險比較低，實際上卻賺不多。相較之下，借錢給企業卻能賺到比較多的利差，這種業務就叫做「企業金融」，有些銀行也把這項業務稱為「法人金融」。

所謂「企業金融」，就是銀行

放款的客戶為企業法人。在台灣，借錢給企業的利息比較高，因為企業的風險比較大，擔保品也形形色色，廠房、專利、商標權、機器設備，甚至是合約，都可以成為擔保品。銀行在實務上很難替這些擔保品估價，有很多空隙能動手腳。因此，銀行的企業金融業務，一向是銀行業大老闆和大股東們賺外快最便利的管道。

《半澤直樹》真實上演了企業金融的黑箱作業

負責「企業金融」這項業務的職銜叫「客戶關係經理」。這項職務可以說是銀行和企業之間的橋樑。銀行要借錢給企業，了解這家企業的體質、財報就非常重要，畢竟銀行也不想被倒帳！這時通常是由客戶關係經理去拜訪需要借貸的企業，觀察他們實際運作的情形，同時分析公司的財務報表，再提報給銀行主管決定是否借貸。

當然不是每家要借貸的企業體質、財報都如想像中完美，台灣有很多小企業即便才剛起步，仍有資金上的需求。這時怎麼辦呢？很多「不肖」的客戶關係經理私自接受企業老闆的招待（不外乎是上酒店、喝花酒），甚至收受賄賂也不在話下，無論如何都會想辦法讓這家企業的貸款通過。於是，假財報、呆帳在企業金融業務屢見不鮮。

看到這裡，你應該會很快聯想到最近很紅的日劇《半澤直樹》。這齣日劇講的就是「企業金融」的故事，劇中男主角半澤直樹是東京一家銀行的客戶關係經理，總是努力想放款給剛起步或一時面臨危機但仍大有展望的中小企業，但是他也遇到企業利用假財報來騙取銀行貸款，再私下提供銀行高層收取回扣；也面臨體質不良的大企業對銀行高層施壓放款，最後老闆卻暗中捲款倒帳。這些劇情看似戲劇化，卻頗為真實地反映銀行企業金融的黑箱作業。

像是前陣子，台灣有一家新加坡來的外商銀行，底下的客戶關係經理就靠著這個業務，捲走六千萬台幣落跑。這位客戶關係經理用境外公司（即ＯＢＵ，Offshore Banking Unit）的名義，向自家銀行貸款。在放款之前，銀行要了解貸款公司的財務狀況，又不可能飛到英屬維京群島實際察看這家公司，成本太高了！於是透過企管顧問公司去查核，偏巧不巧，這家顧問公司居然正是這位客戶關係經理的親戚所開設的，查核結果自然一切ＯＫ，可憐這家銀行就這樣被倒債六千萬台幣，到現在還找不到人！

被倒六千萬，還只是這家誇張銀行離譜案例中的一例而已。他們在企業金融這塊業務，一年被倒帳的金額，至少是這個數目的十倍；光是一家叫做「智盛全球」的公司，就倒了這家外商銀行四億多台幣。我只能說，企業金融對銀行來說，是獲利高但是風險也高的業務。

透過境外小島上的紙上公司，遠端遙控全球八成資產

我不斷提到ＯＢＵ帳戶，你應該就知道這種帳戶有多好用！台灣很多中小型企業的財報簡直糟透了，但背後的老闆卻個個暴發，因為他們賺到的錢都放

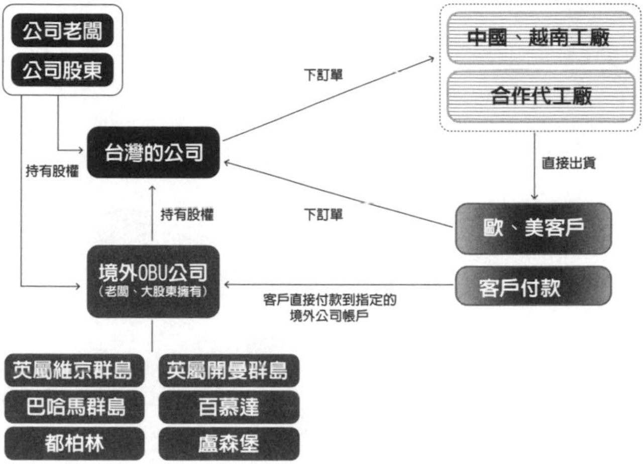

圖 2-1　境外 OBU 公司的運作

進海外的ＯＢＵ帳戶。

不論國內外，很多企業為了方便與國外客戶做生意，也為了享有避稅的好處，甚或是企圖不法，就會在免稅天堂（如：英屬維京群島、英屬開曼群島等地）設立境外「紙上公司」，再回到台灣的銀行，以境外公司的名義開個ＯＢＵ帳戶（參見圖２—１）。你可能很難想像，這些公司絕大多數只是一個掛在這些島嶼上的郵政信箱而已！

不過，千萬別小看這些紙上公司，他們可是控制了全世界八〇％的資產！

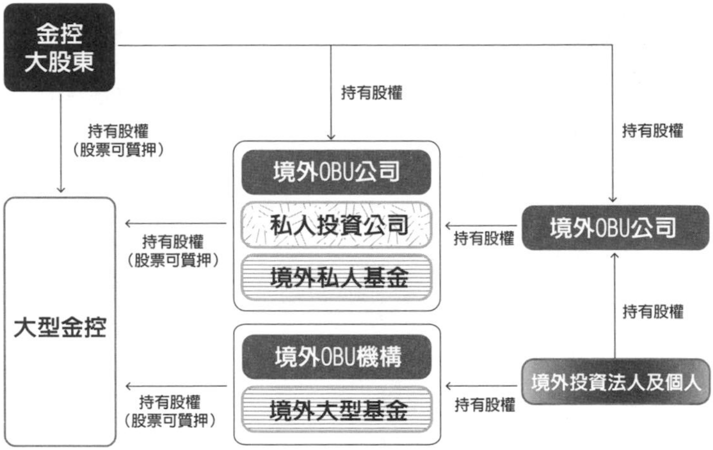

圖 2-2　金控大股東的交叉持股

此外，這些境外公司同時也是銀行老闆控制銀行股權的好工具。根據台灣政府規定，一家上市公司持股占前十名的股東，每年必須在公司年報公布持股明細。只是銀行老闆多半不願讓外界知道自己在銀行中「真正」的持股比例，以免引發經營權的疑慮。

隨便攤開一家銀行持股前十的大股東，你會發現，大多都是某某投資公司，或是些沒聽過的基金。這些投資公司和神祕基金背後的大股東是誰？當然就是這些境外公司！誰又是這些境外公司的實際掌控者？

當然就是這家銀行背後的老闆、大股東和重要關係人（參見圖2－2）。

利用境外公司間接掌控一家銀行，其實對銀行老闆和大股東來說，就像是一層無懈可擊的防護罩。因為外人通常只能看到銀行老闆和大股東「本人」名下的持股，而透過境外公司交叉持股，能讓有心的外界人士，沒那麼容易掌握這家銀行老闆和大股東的虛實，以確保銀行的經營權無虞。

其次，銀行老闆或大股東若想將銀行股權移轉給其他人，只要把境外公司的負責人換成指定的人選，就可以神不知鬼不覺地完成實際經營權的分散及移轉，甚至連贈與稅和遺產稅都一併省下來了。

好比中信金控負責人辜濂松過世時，他所要繳的遺產稅，竟然不到新台幣一．五億元！因為政府能課到的稅，就是辜濂松在中信金控中，以「本人」名義持有中信金控股票的部分，但其股票高達九成都質押給銀行，因為資產必須先扣掉質押負債的部分才能課稅，而辜濂松透過境外公司持股的部分，政府則完全課不到稅！你看看，OBU帳戶的節稅神功，由此可見！

再者，利用這些境外公司買進自家銀行股票的老闆和大股東，也可以拿著

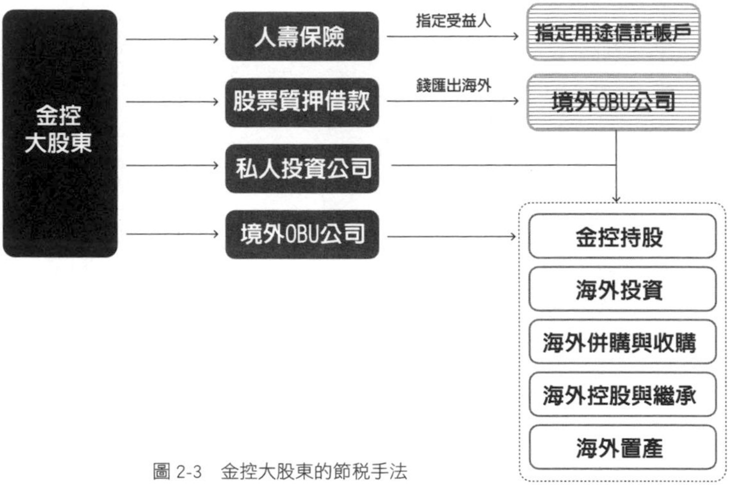

圖 2-3　金控大股東的節稅手法

境外公司所買進的股票，以境外公司的名義用質押的方式向銀行借錢。（注意，「企業金融」又出現囉！）如此一來，買進自家股票的錢繞了一圈，最後還是回到銀行老闆和大股東的口袋，這些人只要花少少的成本，就可以牢牢控制一家銀行的經營權（參見圖2—3）。

但是，這樣的操作有時也是有風險的。二〇〇八年金融海嘯時，台灣有家銀行的老闆，便天天緊盯著公司財務人員匯錢到OBU帳戶，因為原本他的股票質押可以借到六成的款項，但是受到金融海嘯影響，金融股早已跌得剩不到原來價位的六成，借款銀行擔心債權不保，要求這名老闆必須趕快補齊保證金，否則要將質押的股票斷頭賣出。這道最後通牒非同小可，要是股票真的被賣出去，可是會造成經營權不保的！

另外，也有人開玩笑說，國泰金控的董事長蔡宏圖先生，目前應該是台灣的「首負」！沒錯，他持有的國泰金控股票，全都質押給銀行，「負債」新台幣好幾百億！不過就算如此，國泰金控的經營權他還是有辦法牢牢抓住，死也不願鬆手！

銀行高層借錢給大企業老闆，油水多多關係更上層樓

企業金融業務面對的若是一般企業，那就交由客戶關係經理經接手即可；若是遇上重要客戶，銀行高層和大老闆便會親自出馬。你以為這是御駕親征嗎？想太多了，這其實是「肥水不落外人田」。

被歸為重要客戶的，很多都是大企業的老闆，當然也不乏政治人物。大人物要來貸款，銀行老闆和大股東當然要趁機做點公關，說不定自己也有機會順便撈點好處！反正貸出去的是銀行的錢，不花自己半毛；但弄好關係可就不一樣了，不論走到哪，這層關係會永遠跟著自己，這麼好康怎麼能放過！

只要相談甚歡，銀行老闆和大股東還可以趁此分一杯羹。但他們要怎麼從放款過程中賺到錢呢？方法很簡單，只要借款時請大人物多弄些人頭公司、境外公司，就能向銀行冒貸，多借出來的錢，銀行老闆就拿出來和企業主、大股東大家分一分，反正同樂、同樂嘛！

台灣之前發生的中興銀行掏空案，董事長是當時有「南霸天」之稱的王玉雲。王玉雲為了幫兒子王志雄籌備競選高雄市議會議長的經費，以及自己投資需要，結合當時的台鳳集團總裁黃宗宏，涉嫌利用人頭戶、假公司掏空中興銀行共八百多億台幣，導致中興銀行最後被財政部接管，小股東損失慘重。

今日的銀行監管比較嚴格，掏空銀行的弊案不太會發生，不過企業冒貸、超貸的案例照樣屢見不鮮。很多銀行負責企業金融的人員，都是老闆的人馬，畢竟這個職務有太多油水可撈，又有關係可攏絡，肥水怎麼會落外人田呢？

雖然上述提到這麼多放款的黑暗面，但產業界還是有很多體質健全又正派的企業，是各家銀行想要積極爭取的放款對象，尤其是擔任聯貸案的主辦銀行。什麼是「聯貸」呢？聯貸就是一家企業同時向多家銀行借款，貸款的企業會從中選出一家銀行擔任主辦銀行，負責資金的撥款、還款、給付利息，所以保管費及手續費就全進入主辦銀行的口袋。很自然地，每家銀行都會想爭取擔任主辦銀行。這時檯面下誰的關係比較硬、利害衝突比較小，就成為一家銀行能不能爭取成為聯貸案主辦銀行的關鍵了！所以，一家企業為什麼選A不選B來當主辦銀行？只有天知、地知，當事人才知道！

人頭公司倒帳A現金，法拍抵押品還可再賺一手

台灣銀行界有個不良的文化，就是銀行老闆和大股東不太關心銀行有沒有

賺錢，也不在乎小股東是否有獲利；他們比較在乎的是，自己的口袋有沒有賺到錢！外資法人都知道銀行高層這種心態，所以在投資台灣金融股時都特別保守，這也就是為什麼金融股老是軟趴趴的緣故。

銀行掌握的「錢」與「權」相當龐大，有些禁不起誘惑的銀行高層，乾脆就玩起金權遊戲。他們會利用人頭公司向銀行貸款，再故意倒帳，讓銀行法拍抵押品，並刻意操弄底價，使得銀行的法拍流標；每流標一次，底標就可以打個幾折，銀行法拍標的物的底價會變低。此時，銀行不肖高層就可以結合外部投資者，以超低價標得法拍品，最後再用高價轉手賣出，賺取暴利。

讓我舉一個真實的例子。前台北一〇一大樓總經理林鴻明，以金尚昌開發公司的名義，用淡水的幾十筆土地，向當時的中聯信託貸款十八億新台幣。後來金尚昌開發還不出錢，淡水的土地就遭到中聯信託法拍。林鴻明被控疑似成立人頭公司，在法拍過程標到這幾十筆土地，再轉賣給白天鵝建設；白天鵝建設再轉手給藍海建設、大隱開發等公司，層層轉手套利了數億元。

後來林鴻明遭到檢方起訴，被控財報不實、背信及洗錢，因而辭去了台北一〇一大樓總經理的職務。而「中聯信託」當時就是林鴻明所屬的宏國集團所擁有及經營的，明眼人一看就知道背後的關係。後來，中聯信託被政府接管，最後由國泰世華銀行接手。

還有一個例子。前一陣子台灣有家金控公司打算把總部搬到南港，並準備出售位在信義計畫區的舊總部，以提升公司的獲利。我在這裡不評論這家金控的老闆和大股東在計畫搬遷總部大樓的過程中，是否趁機牟利，但是坐落在信義計畫區的舊總部可是價值連城，預估上看二百五十億新台幣。這家金控雖然公開招標賣出自家總部土地，卻訂出十分嚴格的出售條款，最後極有可能是由「自家人」買下。

這個眾所臆測的買家，極有可能就是和自家有關的壽險公司，購入後，興建新的商業辦公大樓出租；也可能是自家兄弟的租賃集團，購入後變更地目蓋飯店創造收益。這塊地是這家金控公司的祖厝，也是發跡地之一。我相信，這家金控公司的老闆們對這塊土地是有感情的，絕對不願意賣給不相干的外人！

你絕對想不到，欠債也能賺錢！

上述例子提到，金尚昌開發公司欠中聯信託的借款還不出來，就變成中聯信託這家金融機構的「呆帳」了，一般銀行稱為「不良債權」。而「不良債權」又是一個讓銀行老闆和大股東們可以鑽縫賺錢的地方。

「呆帳」代表收不回來的帳款，解決的辦法就只能打消。但銀行要如何打消呆帳？最直接的辦法就是認列虧損。不過這個虧損在財務報表上實在不好看，銀行只能試著把借出去的錢多少收一點回來，方法就是把這不良債權的「債權」給賣出去！不良債權通常是以負債金額的二、三成賣出。好比銀行有一百元的呆帳，會以二、三十元的價格賣出；如果買方有能耐收回超過二、三十元，多出來的部分，就全歸買方所有。各位看官有所不知，這種呆帳可是人見人愛的好生意！

剛開始很多銀行還老老實實把呆帳賣出去，自己認列倒帳虧損。但是到了最後，銀行是把呆帳賣給銀行老闆和大股東們自己投資的資產管理公司！呆帳的債權如果沒那麼好賺，老闆和大股東怎麼會自己搶著買！現在討債的技巧越來越犀利，通常都能討回一定的比例。銀行老闆和大股東們以三成的價格收購呆帳，再以五成的價格賣給專業的討債公司，實在是無本生意、穩賺不賠！

另外，銀行老闆也很喜歡晉用政府退下來的官員。很多財政部長、經濟部長、金管會高層官員，一旦從政府部門退下來，只要旋轉門條款的時間一過，就轉換跑道到民營金控擔任董事長、顧問。銀行業老闆找他們的理由，標準的官方說法都是「借重他們的經驗，加強公司治理」。咦？他們又不是銀行大股東，跟這家銀行也無淵源，這種「空降部隊」的董事長，在銀行中有多少權力呢？老臣會買帳嗎？

其實，銀行看上的是，可以借重這些前任官員在政府的人脈，來經營政府與立法部門的關係，以及這些人對金融法令的了解。這種前任官員轉任的銀行董事長，一會兒要到政府相關部門去開會，一會兒又到銀行同業去開會，每天都有開不完的會，哪有什麼時間「治理」銀行！

交易室暗中使詐，替銀行賺飽飽

銀行其實也是金融市場的投資人，就像你常從媒體上得知的，官股銀行在股市不振時，會自己進場買股票，銀行老闆和大股東們也可搭個順風車賺錢。執行這種投資的單位，一般叫做「交易室」或「金融市場事業處」，但是這種私密的投資小組，不一定會出現在實際的編制中，就算有在編制之中，也會暗插一些人馬在這部門，專門為銀行老闆及大股東賺錢。

交易室可以說是銀行賺錢的核心，成員不但是頂尖人才，也都是老闆身邊的親信，只有有背景、有關係的人才進得去。當大客戶準備交易一筆大單時，交易員就會事先暗中幫銀行老闆、大股東們和自己先行買進，再利用客戶的錢拉抬，最後再賣給自己的客戶，賺取價差。有時不小心買錯了，就偷偷倒貨轉賣給自己的客戶，以減少損失，客戶就成了標準的墊背和犧牲品！所以，交易室向來是銀行裡，神祕、低調、內幕重重的地方。

不過交易室也不是百發百中，有時也會發生虧損或操作不當。之前英國的霸菱銀行，因為駐新加坡的交易員尼克・李森操作日經期貨指數不慎，發生鉅額虧損，導致這家英國百年銀行，最後也只能以一塊錢英鎊的價格，象徵性地賣給荷蘭的ＩＮＧ集團。二〇〇八年，法國興業銀行交易員柯維爾，也因為操作歐股指數期貨不慎，虧損高達四十九億歐元。這幾年銀行的風險控制做得比較好，每次發生事件後內控也不斷地改進，現在比較少見到類似的情況了！

金融商品多樣化，滾出金融風暴大雪球

幾乎市面上所有的金融商品，銀行都會投資，最常見的是股票、債券、外匯、期貨選擇權……等，也有比較少見的金融商品，例如：ＡＢＳ（Assets Backed Securities，資產證券化）、ＣＤＳ（Credit Default Swap，信用違約交換）、ＭＢＳ（Mortgage Backed Securities，不動產抵押貸款證券）、ＲＰ（Re-Purchase，債券附買回）、ＣＤＯ（Collateralized Debt Obligation，抵押債務債券）、ＳＩ

V（Structured Investment Vehicle，結構型投資工具）……等，種類非常多，一般非專業人士也不容易了解其中的內容。這些金融商品看似複雜、名稱專業，其實背後可能根本是同一種東西，由美國華爾街的投資銀行換個包裝、改個名稱，就賣給商業銀行或保險公司了。

商業銀行買了這些經過包裝的商品後，就再轉賣給一般的投資人，也就是財富管理業務的個人客戶和企業金融業務的公司客戶。不過，商業銀行後來也仿效投資銀行，把這些向投資銀行買來的金融商品，搭配些一般人比較懂的基金、保險、債券等商品，包裝成另一個看起來更漂亮、風險更低的金融商品。最後，這些金融商品就透過銀行理專、私人銀行家、企業客戶關係經理，賣到你的手中。就像我前面所提及的，很多人真的搞不懂他們買了什麼金融商品，最後賠得血本無歸也不知其所以然！

造成二〇〇八年金融海嘯的雷曼連動債，就是一個很好的例子。雷曼的連動債背後就是MBS（不動產抵押貸款證券），這種金融商品是投資銀行買下一般商業銀行房屋貸款的「次級債權」，包裝成MBS這種衍生性金融商品出售。

所謂「次級債權」（簡稱「次貸」），就是房屋貸款人的信用不佳，還款能力比較差，於是銀行就用比較高的利息放貸給貸款人。這種債權包裝成債券之後，享有較高的利息，卻也存在著較高的風險。雷曼投資銀行發行這種MBS，原本也只是為了賺取手續費，但是二〇〇三年開始，美國的房屋價格持續大幅上揚，雷曼投資銀行禁不住誘惑，也開始玩起MBS的投資，結果就在二〇〇八年的次貸風暴中發生鉅額虧損，引發金融風暴，百年的投資銀行被迫倒閉。這一風暴環環相扣，影響所及小至一般投資人、公司法人，大至台灣的銀行界、全球大型銀行，全都損失慘重，甚至到現在還沒有回本呢！

辦卡都不刷沒關係，銀行有資料就能賺錢

銀行除了透過「財富管理」、「企業金融」賺錢之外，「信用卡」也是銀行最賺錢的業務之一。誰都知道，只要跟銀行辦了信用卡，就有好康可以拿：

登機箱、鍋碗瓢盆……應有盡有。於是，有些人只辦卡拿贈品，領完贈品之後，那張卡就變成一張「死卡」，要不丟棄不用、要不乾脆剪卡。

銀行徵信要成本、製卡要成本、外包推銷信用卡也要成本，多來幾張死卡，銀行不就虧大了，為什麼銀行還寧願送你贈品也要拉你辦卡呢？因為值錢的是「客戶資料」。只要你向銀行申辦了信用卡，發卡銀行就有你的個人資料，用在推銷銀行其他理財商品，或是把你的資料賣給其他廠商，照樣還是有賺頭。

所以辦卡之後，我們經常會收到一些信用卡合作業者的廣告，像是：百貨公司、精品業者、旅行社……等。讓人以為，是銀行貴賓才能收到的優惠，其實是銀行把你的個人資料賣給這些業者了！

信用卡在申請書中，經常夾帶幾行語意模糊的共同行銷條款，在你申辦信用卡的同時，就已經同意銀行，可以將你的資料轉給共同行銷廠商。這些共同行銷的廠商如果有成交，銀行就可以抽成小賺一筆。

另外，「悠遊聯名卡」也能賺到你的錢。「悠遊聯名卡」就是，具有悠遊卡功能的信用卡。當你用悠遊聯名卡坐捷運或在便利商店結帳時，銀行都可以向悠遊卡公司分一杯羹。

在停車場用悠遊卡付停車費，銀行也能賺到你的錢。怎麼賺呢？若用一般的停車票卡付費，要先繳費才能取車，繳完費之後，會有五至十五分鐘不等的緩衝時間，讓你慢慢把車子駛出停車場。回想一下，如果你是使用悠遊聯名卡付停車費的話，你是不是要將車子先開到停車場的出口，才用機器感應悠遊卡片的？魔鬼就在細節裡！如此一來，一般停車票卡繳費後所提供的緩衝時間，就這麼神不知鬼不覺地變成你的停車時間，而這一小段時間所增加的停車費，就這樣被銀行和悠遊卡公司光明正大地賺走了！

信用卡的收入來源還有：信用卡年費、利息、逾期還款違約金、信用卡貸款、掛失手續費、分期手續費等各項手續費，其中最好賺的就是「循環利息」。循環利息最高可達二〇％，低的也有六％，以現在低利的環境，房屋貸款和企業金融都沒有那麼高的利息。所以，銀行在發放信用卡時，通常會給較高的卡片等級和額度，鼓勵你多消費、多用循環利息，銀行才能多賺錢。最好是一次刷到五千或一萬，銀行很樂意送你滿額禮，反正都是些便宜的鍋碗瓢盆！

其實拉信用卡在銀行業屬於「外包」任務，和電話行銷一樣，既然是「外包」，就很容易「出包」，而且出包的狀況真是五花八門。過去曾有很多信用卡業務員，利用手上客戶的申請資料，假冒客戶的簽名，多辦了兩、三張卡衝業績。還有更誇張的是，辦卡的客戶若資格不符合，業務員竟然私自竄改客戶資料，以求順利過關，賺取業績獎金。更有業務員收購人頭身份證，辦卡後寄到自己手上，開卡後竟然盜刷他人信用卡！這些出包狀況頻頻發生，信用卡主管真是被釘得滿頭包。

信用卡惹出的風波還不只如此，像是幾年前台灣的「雙卡風暴」還是讓人記憶猶新。當時的萬泰銀行引進日本的現金卡模式，在台灣大量發行現金卡。所謂「現金卡」，其實就是利用「個人信用」來借款，可以直接在ＡＴＭ領錢的提款卡。這種借款憑證僅憑借款人的信用，沒有任何抵押品，其實風險很高。不過當時許多銀行看到萬泰銀行嚐到甜頭，也紛紛跟進。

在這股風潮下，許多銀行為了快速且大量地搶下市占率，只要客戶還得起錢，就不斷調高客戶的信用額度，吸引客戶借更多錢，銀行才能賺更多利息。

會借現金卡的客戶，也知道這種便利的借款方式背後有著高額的利息，但是平白多出一個那麼容易借到錢的管道，怎麼不去用呢?當然是多借一點了!但是泡沫總會有破的一天。當很多人被高利追到還不出錢時，就開始以卡養卡，能申請的卡全都去申請，讓債務一直循環。最後，真的再也還不出錢，只能申請破產協商了。

當時最離譜的是，有些銀行主管怕客戶真的還不出錢，會影響到自己的獎金，就趕快叫底下的信用卡人員自己借錢，替客戶繳「最低應繳金額」給銀行。搞到最後，變成超級巨大的「雙卡風暴」。後來雙卡風暴引起了社會輿論的關注，在政府與金管會積極介入之下，才讓這場風暴逐漸退場。而風暴主角之一的萬泰銀行，也由外資私募基金收購。至於什麼是「私募基金」?他們為什麼要買萬泰銀行?我將會在本書第八章為大家進一步說明。

進軍中國，賺飽面子和裡子

這幾年，台灣各家銀行都搶著「登陸」，紛紛往中國拓展市場，檯面下的動作不斷。但是，金融業屬於「特許行業」，不是你想去就能馬上去。而且，中國的「四大行」（中國工商銀行、中國銀行、中國建設銀行、中國農民銀行）合計就擁有八〇%的市占率，剩下的二〇%市占率中，有一〇～一五%是由多家「非四大行」的大、中型銀行所瓜分。掐指一算，就算台灣的金控業者獲准登陸，也只剩下不到一〇%的市占率可以搶，實在可憐！

不過台灣金控的老闆和大股東們可不是這麼想。就算只剩一〇%，那也有一億三千萬人口的商機！就算到最後只能搶到一%，都還有一千三百萬人！身為中國銀行業顧問的我來看這樣的推論，實在覺得他們有點理想化。這剩下的一〇%，難道中國的四大行和其他大型、中型銀行不會來搶嗎？台灣的金控業者是當他們都在睡覺嗎？他們還想來台灣搶客戶呢！

VISA、Master國際信用卡組織當初也抱持這樣的想法進軍中國，盤算著如果能在中國市場內分一小杯羹就賺翻了！結果呢？中國人民都早已習慣使用「銀聯卡」，連在台灣消費、去巴黎 Shopping，都是刷銀聯卡，這兩個國際信用卡組織在中國根本沒賺到錢。

銀行業就是大者恆大，台灣的金控公司沒有一家比中國一個省的「分行」還大，請注意，是和「省」底下的「分行」相比，都還比不過！台灣的分行在中國叫做「支行」，若是更小的分行則稱為「網點」。像新疆這種比較偏遠地方的分行，都還比台灣一家金控公司的總資產還要大。台灣金控公司如果去中國發展，大概只能去搶那剩下的一％了。

兩岸的銀行業目前走的是「對等」開放，就是台灣願意對中國銀行業「登台」的業務開放多少，中國也會對台灣銀行業的「登陸」業務開放多少，所以很多銀行業老闆們私底下動作不斷，就是想要「探知」台灣這邊準備開放什麼業務；中國那邊又準備開放什麼業務給台灣銀行業者，好先布局搶下那僅存的市占率。

台灣那麼多金控公司不計成本地搶著登陸，說穿了，就是為了「面子問題」

和「裡子問題」。什麼是面子問題？大家都要登陸了，我怎麼能慢半拍呢？這就好像當時美國和蘇聯搶著登陸月球，向全球炫耀自己的實力罷了！月球有沒有資源和空氣不是重點。

但裡子卻是要緊的。只要能夠登陸，就有機會賺大錢！像是台灣的中國人壽就透過策略聯盟，和中國的建設銀行共同投資中國的「建信人壽」。從此之後，中國人壽的股票就一直狂飆，從最低十幾元，一路最高漲到四十幾元，老闆和大股東都賺翻，真是面子裡子都有了！

有句話說「山不轉，路轉」。既然台灣銀行業登陸的困難重重，那換個方式登陸總行了吧！聰明的台灣人想出來的辦法，就是用「融資租賃公司」的名義進軍中國，因為融資租賃公司屬於「外商投資融資公司」，是台灣可以在中國投資的項目，但是這個融資租賃公司在中國從事的業務，其實就是銀行業企業金融的業務，就如一家銀行在中國的分行，只是用租賃公司的名稱而已。

這些融資租賃公司怎麼有錢貸款給企業呢？別忘了，這些租賃公司背後的老闆，可都是台灣的金控公司！中國之前也出現過這種掛羊頭賣狗肉的公司，人稱「影子銀行」，當時還鬧到中國出現「現金荒」！接下來就說給你聽。

中國大企業搶當債主賺利息，卻落得倒債沒現金

中國的銀行其實都不放心借錢給企業，遇到景氣不好時，連崑山、東莞這兩個台資企業聚集的重鎮，一個月都可能倒掉數百家工廠。不過，銀行還是要把錢借出去，才能賺到利差。為了避免被倒帳，中國的銀行就盡量把錢借給體質較好的國營企業或是較有名的私人企業。可是，這種企業根本不缺錢，真正缺錢的是一些中小型的企業，他們為了營運所需，每天都在調頭寸、跑三點半。

這些中小型企業很懂得怎麼夾縫中求生存。他們和大企業多少都有生意往來，看到大企業那麼有錢，不如乾脆向他們借錢吧！這些大企業想了想，反正錢也用不到，這些小公司又和我方有合作關係，不如就行個好，借錢給他們吧。不過利息當然要比銀行高些，畢竟大公司也要還銀行錢。

於是，有些小公司三番兩次從大企業那邊借到錢，吸引越來越多的小公司也想跟進。大企業的資金也是有限，所以很自然就優先借給能付最高利息的小公司，這下他們突然發現：「原來當債主那麼好賺！」轉而向銀行再借更多的錢，放貸給一般的小企業。這些大企業的本業當然不是銀行金融，卻私下經營銀行的貸款業務，就形成中國所謂的「影子銀行」。

對中國銀行業來說，大企業頻頻來借錢，錢有出路又有利息可賺，何樂而不為？但是有越來越多大企業向銀行借貸後，銀行資金便開始出現匱乏。於是，中國銀行業就開始發行一種短天期的銀行債券，常見的有三十三天、六十六天、九十天到期，利息高達八、九％，藉以在短時間內吸收大量存款，以便貸款給大企業。銀行利息給得這麼高，引來廣大民眾把錢存到銀行。銀行收下大量短天期存款，又「努力」把錢放貸給大企業。在一連串的借貸之後，衍生出好幾層的債主，搞到最後，小公司要付的借款年息竟然高達一八～二〇％！想也知道，小公司怎麼可能付得出來？最後只好直接倒帳，結果引發一連串的骨牌效應！

中國政府發現「影子銀行」問題的嚴重性後，馬上緊縮中國銀行業存在中國人民銀行中的現金供給，讓銀行頓時沒有多餘的「現金」可以貸出去，這就是前陣子中國喧騰一時的「錢荒事件」。這個事件使得陸股創下二〇〇九年以來單日最大跌幅，金融類股跌幅最大，陸股投資人哀鴻遍野！

第三章

投資基金，究竟誰真正賺到了？

台灣的金融理財產品中，賣得最好的就是「基金」，但是正如我在前言提到的，沒有人是靠投資基金變成富翁的。接下來我要告訴各位，投資基金的錢是怎樣被基金公司玩完的。

台灣人一向比較喜歡國外的基金，透過銀行理財服務要投資基金的客戶，大約有八十%會選擇投資國外市場的基金。一般銀行的理專也喜歡向客戶推薦購買國外的基金，因為手續費的抽佣會比較高。

在台灣，想購買投資國外市場的基金，主要有兩種選擇：一種是第一章提過的「境外基金」，是由國外的投資顧問公司或資產管理公司所發行（台灣通稱基金公司），這種金融商品是以外幣計價，要兌換外幣才能申購。另一種叫做「海外基金」，是由國內的投資信託公司（簡稱投信）所募集，基金經理人多半是台灣人，可以直接以台幣購買，但是種類及選擇性並不如境外基金來得多，不過好處是不用承擔匯差的風險。

境外基金顧名思義就是來自國外，基金公司只要遵守其註冊地對基金的相關法令即可，在第二章提到的免稅天堂，如英屬維京群島、巴哈馬群島……等，往往是境外基金公司註冊地的首選。而海外基金則必須另外配合台灣政府的一些相關規定，管制和監督相對較多。

你的基金淨值，被手續費和管理費偷偷吃掉了！

基金的種類多如繁星，有時連基金專家也看得霧煞煞。「境外基金」投資的標的，就是國外的股市、債市、匯市、期貨市場等等，一般常聽到的股票型基金、債券型基金……等名稱，就是從投資標的來區隔。若從投資地區來看，則可分為美洲、歐洲、亞洲、新興市場、東南亞等等；或是以單一國家來劃分區分，如：美國、俄羅斯、東歐、日本等等；若是以基金公司來命名，更是令人眼花撩亂，像是富蘭克林坦柏頓、富達、美林……等等。難怪這些商品要狂打廣告，不然哪個投資人記得住。

基金公司有兩大獲利來源：一就是買基金時要支付的「手續費」，二是你在持有基金期間所需要付的「管理費」。所以，當你買下基金時，已經被削兩筆錢了！手續費是一次性收取，只有在你買基金時才要付。台灣的基金手續費有夠貴，買一檔就要收你五%；在美國買同樣一檔基金只收一%，而且美國還有完全免手續費的基金，相對台灣，投資成本真是便宜不少。

「管理費」這項費用，是每天自你的基金淨值中悄悄扣除的，一般人較難察覺。以單一國家或區域的股票型來說，基金管理費大約是二%，所以若是你買此類基金，投資報酬率也被偷偷地吃掉了二%！因此，想要降低投資成本，就要選擇管理費低的基金。

當你花一百萬買基金時，扣除手續費和管理費的成本，真正投入基金市場的錢，可能只剩下九十五、六萬。基金公司賺你這些錢根本毫無風險，但是你投資基金會不會賺錢，都還是個未知數呢！

或許你以為，手續費才二％、五％，也沒多少錢。那你不妨看看一家基金總代理公司的例子。台灣有一家代理某境外基金的知名投資顧問公司，他們客戶所買基金的總額超過一百億美金！如此推算下來，這家公司每年收取的基金管理費就超過一億美金！但是，真正賺錢的是這家公司的台灣大股東，每年可以收取數十億台幣的分紅；美國境外基金的總公司因為持有的股份很小，倒是沒賺到什麼錢。

投資戶還得替銀行付「盤商費」

基金主要是賣給散戶投資人或公司法人，而這些人怎麼買基金呢？除了上網買或是直接跟基金公司買，最大宗的還是要透過銀行、保險公司或證券公司。所以，基金投顧公司為了金融商品能廣泛推銷出去，與這些銀行、保險公司或是證券公司的關係就變得十分重要。銀行有理專、保險公司有業務員、證券公司有營業員，這些人都可以幫他們賣產品。所以，銀行、保險公司、證券公司就是他們的通路，也是基金公司的「大客戶」。

經營通路關係，就是基金顧問公司最重要的業務之一。怎麼經營呢？每家基金公司都有專門跑通路的人員，例如：我們會稱呼專門跑銀行的人員為「對應窗口」。不過這都只是一家基金公司的基層人員，雖然名片上都印著經理、協理，但是他們最主要的工作就是替一般客戶舉辦基金講座、邀請名人演講、負責基金的行銷，替通路的員工進行銷售前的教育訓練，以及販售後的客戶支援。

上述這些都只是關係到第一線的一般客戶。攸關投顧公司和通路端合作最重要的關鍵，是雙方高層之間的關係，也就是基金投顧公司與通路銀行（一般商業銀行）、保險公司、證券公司等的老闆、大股東們及相關人員，所謂的「Key Man」或「Key Woman」之間的關係。畢竟市場上能賣的基金多到數不完，為什麼要賣你公司的基金呢?當然是看關係、靠人脈!

為了經營通路高層的關係，基金投顧公司真是無所不用其極，什麼方法都有，有些基金投顧公司會派專人在週末假日，陪通路銀行高層打高爾夫球，甚至是老闆親自出面陪同。過年過節，一定不會忘記送昂貴的禮物給通路的高層，畢竟，這些高層人士能決定，一家銀行、保險公司或證券公司主推什麼樣的基金產品，也能決定第一線業務人員賣這些產品的獎金和折扣，有高額的獎金和寬鬆的折扣方案，通路第一線人員自然就會向客戶積極推薦特定的基金。有些基金必須在同類型的基金中達到「推薦度最高」，客戶才會買單!

我見過最誇張的是，台灣有家基金投顧公司為了經營通路商關係，竟然三不五時招待這些通路銀行、通路證券公司的老闆、大股東等高層，到台北市最著名的林森北路喝花酒搏感情。怪不得銀行、保險公司及證券公司都特別推薦這家基金投顧公司的金融商品，因為高層喝得開心，自然就釋出特別優渥的條件給這家公司的金融商品了！

目前市面上也有專為基金公司經營通路的「金融服務顧問公司」，這種公司會同時代理多家全球知名大型投資機構旗下的基金，再轉賣給通路銀行、保險公司及證券公司，有點類似基金的大盤商。銀行只要與金融服務顧問公司合作，就可一次取得幾百檔的知名基金產品，省事又省力，但是中間多了盤商，銀行能給客戶的手續費折扣相對比較沒彈性，畢竟羊毛還是出在羊身上，被盤商收取的費用，銀行可要從客戶身上賺回來！

話又說回來，這些金融服務顧問公司背後的股東是什麼人呢？其實就是基金公司的老闆或大股東們！銀行和金融服務顧問公司合作，說穿了，就是自己的右手批准自己左手的公司。基金公司養通路，很多相關利益人員都來分一杯羹，已經成為這個行業的常態！

你買的是「王牌」還是「護衛隊」？

一家稍有規模的基金公司，通常都有上百檔基金商品，由上百位基金經理人負責操盤。不過，這麼多檔基金，總是有表現較優秀或差強人意的商品，就像一個班級總是有第一名和最後一名的學生。

如果你仔細觀察，一家有規模的中、大型基金公司，至少會發行三檔完全同類型的基金（可能是相同的投資區域、投資類型或產業），甚至有時多到十幾檔完全同類型的基金。為什麼呢？基金公司這麼布局，其實是為了拉抬其中某檔基金。

這道理就是像電影《投名狀》，在眾多同類型基金中，只有一檔基金是「王」，其他基金都只是「護衛隊」。這檔要當「王」的基金，會由最厲害的基金經理人負責操盤，但有時人算不如天算，時逢金融危機、地雷股，甚或遇到不景氣時，王牌的績效照樣也會有慘不忍睹的時候。但王牌基金是公司的台柱，不容出狀況，於是其他同類型的基金就要自動扮演起「護衛隊」，開始買進王牌基金買進的投資標的，拉抬王牌基金的績效，讓它由黑白變彩色，同時搭配廣告強力放送，吸引更多的資金進來「護盤」。

有時，護衛隊也會壯烈犧牲！護衛隊基金因為護駕跌得太過慘烈時，投資人紛紛認賠贖回，這時護衛基金便有可能因為規模縮減得太小而被迫清算或合併。例如摩根全球債券型基金在二〇一三年七月，因為基金淨資產低於新台幣二億元而遭到清算，投資人只能被迫贖回、轉換基金，或是拿回清算後的價值。慘賠的是投資這檔基金的投資人，操盤這檔護衛隊基金的經理人可是護主有功，從此搖身一變，反而成為基金公司老闆眼前的紅人！

所以，當你看到新的基金開始募集，可能只是基金公司為其他王牌基金解套的動作；當你投資的基金報酬率一直不如預期時，就要提高警覺，你買到的很可能不是「王牌」，而是準備被犧牲的護衛隊。越大型的基金公司，越擅長操弄這套手法。下次買基金時可要睜大眼睛，千萬別買到護衛隊基金！

基金廣告靠「分班制度」，創造無數的「第一名」

基金公司販售金融商品，除了靠通路銀行、保險公司、證券公司之外，也要配合自身靈活的行銷手法。最常見的就是打平面廣告和電視廣告，不過基金廣告那麼多，真正能讓投資人留下印象的，就是看公司、看排名，看評比。既然投資人喜歡比來比去，基金公司也樂於從這些地方下手，打出來的廣告一定要唬得你一愣一愣。

攤開基金公司的介紹，每家都歷史悠久、績效良好，都是全球數一數二的資產管理公司，資本額都大到不行，管理總資產更是嚇人！我不否認這些基金背後的「母公司」都很龐大，但是你買的基金跟這些母公司根本沒有多大關連，它只是在巨大、名聲響亮的母公司旗下，一支完全獨立運作的小基金，賺不賺錢？有沒有虧損？這可是投資人自己要承擔的風險。

再來看排名。基金的排名隨時會變動，基金公司的商品說明書都會注明一句話：「過去績效僅供參考，並不代表未來的績效，投資人投資前應謹慎參閱公開說明書」。的確，哪有天天都受到投資之神眷顧的呢！不過，排名真正的玄機並不在於會波動，而是在於廣告「取樣的技巧」以及基金運作的「手法」。

如果這檔基金的績效是前幾名，一定會在廣告中特別強調，但是它可能只是「同類型」或「同地區」基金的前幾名而已，例如：「某某投資產業的第一名」、「某某市場中某個國家的績效第一名」，甚至只是某雜誌號稱的第一名，其實只是B段班、C段班的第一名啊！但是這些自稱的「第一名」，如果以市場上所有基金來排名，搞不好連在前五十名都排不上，但是這種廣告手法就會讓基金看起來很傑出，吸引投資人去購買。

這種廣告有時還真會掰，我看過一支宣稱「永遠只追求第一名」的基金；事實上，這個班級（用投資的標的、類型、地區、資產配置……等來分班），統共加起來也只有它一個學生而已！

對不起，真正績效第一的基金，你永遠買不到!

基金廣告除了靠「分班」塑造排名，基金公司也可以設法「創造」出績效「第一名」。績效第一名可以創造?很多人聽了真是不敢相信，我馬上就分析這種手法給你看。

一家境外的大型基金公司，旗下通常有幾百支基金。假設我們要A基金第一名，很簡單，A基金先去買這幾檔的股票;A買完之後，B基金再去買;之後C基金再去買，以此類推，最後可能是S基金才進場買這幾檔股票。如此一來，A基金的投資成本就是最低的了，於是我們就創造出A基金是第一名，B基金是第二名，C基金是第三名。

那麼，廣告怎麼打?廣告會打D基金是第一名，E基金是第二名，你看我們公司的基金績效有多好!那麼A、B、C這三個基金呢?對不起，A基金是基金公司老闆的，不會讓你知道;B基金是基金公司大股東們的，你在市場上看不到;C基金是相關利益者的，你永遠買不到。

你能買到的，可能是F以後的基金，可能是K基金也可能是N基金，報酬率都被偷偷吃掉好幾趴。D、E基金雖然是廣告裡的第一名、第二名，但是可能你還沒買到之前就募集額滿，甚至台灣根本就沒賣，廣告內容你看得見卻投資不到，只能買理專推薦給你F以後的商品了。

另外，有些基金也會搭配「買一送一」的行銷手法，像是只要買Y基金，Z基金就可以手續費打折或是免手續費。我可以告訴各位，免手續費或是打折的基金一定是賣不好，提供這些折扣只是要「出清庫存」。

基金報酬率年年成長，你的投資卻月月虧損！

很多買基金的投資人，都喜歡看某檔基金過去三個月、半個月、一兩年來的報酬率，作為投資參考。我直接告訴你，不用看了，你能賺到的報酬率「不是那樣」。怎麼會呢？請容我舉例說明。

當你花一萬元投資一檔基金，一年過去後，這檔基金上漲二〇％，太好了！你想要趁勝追擊，就像投資書所說的那樣，看對了就要加碼投資，於是你再投資一萬元，以二萬二千元進場。但是第二年運氣實在不好，基金下跌了一〇％，因此你的投資變為一萬九千八百元，算一算，這兩年來投資虧損了一％。但是，從基金報酬率的角度來說，第一年上漲二〇％，第二年下跌一〇％，兩年下來的成長率達八％（第一年是一二〇％，第二年是九〇％，一二〇％×九〇％＝一〇八％）。你虧損了一％，但是基金卻成長了八％；你的投資明明是賠錢的，基金算出來卻是賺錢的（參見表3—1）。這兩者是否差距很大呢？

讓我們拋開前面的假設，來看一下真實的狀況。美國《晨星雜誌》曾經做過一項研究，美國成長型基金在五年內的報酬率是一二・五％，但是成長型基金投資人的報酬率卻是負二・二％，這兩者的差距是因為，基金投資人的報酬率並不是單單由基金報酬率所決定，而是由「投資人的行為」和「基金報酬率」共同決定的。有時投資人的行為所帶來的影響，甚至超過基金報酬率。

簡單來說就是「投資行為所犯下的錯誤」，可以讓投資人買到會賺錢的基

表 3-1 基金報酬率算法

第一年：
投資 10,000 元，基金上漲 20%（投資報酬率 20%），
本金＋獲利為 10,000 + 10,000 × 20% = 10,000 + 2,000 = 12,000 元

第二年：
投資金額為第一年期末之金額 12,000 元＋第二年加碼投資 10,000 元 = 22,000 元
但第二年基金下跌了 10%（投資報酬率為－ 10%），
本金＋獲利 = 22,000 ＋ 22,000 ×（－ 10%）= 19,800 元

兩年來總共投資的金額：
第一年 10,000 元＋第一年獲利 2,000 ＋第二年 10,000 元 = 22,000 元
兩年後剩餘金額 = 19,800 元
兩年的投資報酬率 =（19,800 － 22,000）÷ 22,000 = － 1 %
即兩年虧損 1%

但該檔基金，假設規模為 1,000 萬美金
第一年上漲了 20%，則基金成長為 1,000 ×（1+20%）= 1,200 萬美金
第二年下跌了 10%，則基金規模為 1,200 ×（1-10%）= 1,080 萬美金
兩年的基金成長率 =（1,080 ｜ 1,000）÷ 1,000 = 8 %

結論：你虧損了 1 %，基金卻成長了 8 %

金，卻還是一樣賠錢。

聰明的讀者應該已經發現，前面的例子問題出在哪裡——就出在第二年的「加碼投資」。如果第二年沒有「加碼」多投資一萬元，就不會多出一〇%的虧損，那麼兩年下來，「應該」會有八%報酬率（第一年投資加獲利為一萬二千元，第二年跌了一〇%，變成一萬零八百元）。但是很不幸的，大多數的基金投資人都是看到第一年有二〇%的報酬率，後續就加碼進場。

一窩蜂搶進，小心成了護衛隊還不自知

在基金公司的廣告中，一定會強調第一年報酬率為二〇%，兩年的報酬率為八%，而絕對不會告訴你第二年虧損了一〇%，讓你誤信這檔基金有不錯的報酬率。事實上，就算你真的持有兩年而且都沒有加碼買進，你的報酬率也「絕對」不到八%，因為基金報酬率的廣告並不會告訴你，你得付三%的申購手續

費及每年三％的基金管理費。如此計算下來，投資的資金扣除共六％的費用，你的基金只剩下九、八四七元，你買這檔基金持有兩年，雖然廣告「號稱」報酬率為八％，但事實上你卻被手續費和管理費扣到變成虧損。

有時候，基金公司還會在報酬率的文字上動手腳，當今年報酬率「目前」不佳時，就會用「一年以來」的報酬率欺騙投資人，試圖把去年較佳的報酬率也灌水進去。反之，如果今年這檔基金的報酬率特別好，廣告一定會特別強調持有這檔基金「今年以來」的驚人報酬率，去年慘不忍睹的報酬率絕口不提，就是要讓投資人在看廣告時，把注意力完全移轉到今年。

再想想看，大家都什麼時候會去買一檔基金的？我敢打包票，絕對不是這檔基金最冷門的時候。只有在「好看」的報酬率刊登出來、廣告猛烈轟炸，投資專家也建議進場的時候，大家才會特別想要一窩蜂搶進。

這時候廣告為什麼打得那麼兇？無非是希望催促你趕緊買進！但是基金有時就如股票一樣，當大家都瘋狂追捧的時候，通常也是離高點不遠的時候。這讓我想起華爾街有個「鞋童理論」，當擦鞋的鞋童都知道要趕快去買股票的時候，就是股市即將崩盤之日。而且，一窩蜂跟著進場買進的基金，很可能是「王牌護衛隊」。就是有像你這樣忠心的護衛隊，「王牌基金經理人」才能「保持」良好的績效，讓基金公司不斷地打廣告吸引更多的錢進來。

ＥＴＦ買的是同一個籃子的股票，籃子砸了就全完蛋

當你買基金時，有些基金還會列出它的「風險報酬等級」，由ＰＲ１到ＰＲ５。理專通常也會告訴你，ＰＲ１風險最低，ＰＲ５風險最高。不過這只是參考，真正會讓你投資獲利的，從ＰＲ１到ＰＲ５都有，列為ＰＲ１不代表風險真的最低，列為ＰＲ５也不代表風險真的最高。

例如第一章提到的高收益債券，這類型的基金風險很高，但是風險報酬等級只有ＰＲ３；另外像不動產證券化基金（即REITS基金），風險報酬等級是ＰＲ４等級，比高收益債還高，但是隨著全球房地產的高漲，這類型的績效卻

很好。反觀高收益債券型基金，隨著全球景氣復甦緩慢，有些基金不小心踩到倒債地雷，報酬率真是慘不忍睹。這也說明風險報酬等級（Risk Return）的分類，存在太多無法掌握的狀況，大環境還是有許多不確定性，誰會知道百年的投資銀行雷曼兄弟，一瞬間就倒閉呢？所以買基金還是靠自己判斷為上策，理專的話就聽聽就好！

在投資股票型基金時，很多投資人會選擇投資ＥＴＦ（Exchange Traded Fund，股票指數型基金）。因為理專和相關資訊都說，ＥＴＦ是買進一籃子的股票組合，可以分散投資的風險，又有不錯的獲利。其實在我們圈內人從來不這麼認為。這是騙客戶的！二〇〇八年金融海嘯過後，很多客戶損失慘重，因此對投資股票型基金常望之卻步，深怕再次面臨虧損。為了讓客戶相信風險是可以分散的，很多理專都會建議客戶不如投資ＥＴＦ。

其實，ＥＴＦ哪有分散風險呢？ＥＴＦ雖然號稱是買一籃子股票組合的指數，但其實就是買一支叫ＥＴＦ的股票！ＥＴＦ其實是一種投資「單一國家」、「單一市場」、「少數產業」的股票型基金。例如，台灣50ＥＴＦ只針對台灣的股票市場，資金大多投入到電子業、金融業、電信業。這種投資結構連國中生都看得出，它是所有雞蛋放在同一個籃子，根本不是理專或是理財書所說的分散風險。

當遇到金融危機或股市空頭市場時，外資、投信第一個優先賣的，就是權值股、績優股，這些股票就是他們的提款機，流動性高，持有庫存也多，最適合拿來變現逃命。很不幸地，你買的ETF百分之百包含這些「提款機股票」，而且占的比重不低。別人買的股票如果選得好，可能會相對「抗跌」，但是你若選擇ETF，鐵定是會跟著市場跌；如果遇到大多頭，買什麼績優股票都會漲，可惜你的ETF偏偏會被那「四大慘業」拖垮，漲幅就是矮人一截。

此外，我要嚴正地提醒各位，ETF的風險報酬等級可是PR5，就是風險最高的那一種。雖說風險報酬等級不可全信，但如果它真能分散風險，怎麼會被歸類在PR5呢？

內行的人買基金，組合型基金才是首選！

如果真的要買可以分散風險的基金，就買「組合型基金」（Fund of Fund）；意思就是購買一籃子的基金組合，如同是「基金的基金」。與ETF不同的是，ETF只有一籃子的股票組合，而組合型基金的籃子裡，可以包含股票型基金、債券型基金、貨幣型基金、平衡型基金……等。

由於同一公司代售的大部分基金，都可以放入這個籃子裡，端看你自己如何選擇，或是由基金公司及基金經理人在有限的額度中，替你搭配選擇。因此，買組合型基金，通常就會買進同一基金管理公司旗下的基金商品，這時轉換基金便可以免手續費。不過一般理專是不會告訴你的，因為這一類型的基金所給的手續費折扣和退佣都不會太高。

同一家基金公司的每一檔基金，由於投資的區域及標的都不一樣，會伴隨不同的風險，且礙於持股比例的限制，無法把風險降到最低。但是組合型基金的好處就是，可以在不同類型、不同投資地區的基金中自由轉換，非常靈活且可以做到真正的風險分散。

這樣聽起來，你是不是也覺得組合型基金比ETF要來得更理想？不妨老實告訴你，組合型基金由於風險分散、波動率小、報酬率不差，經常是全球頂級富豪買基金時的首選呢！

基金經理人「短命」，無不趁勢搶錢

除了前述種種手法，會讓投資人誤入陷阱，很多基金經理人還會私下利用人頭戶，先低價買進要投資的股票，再賣給自己操盤的基金，大賺價差。方式就像前面提到的，A基金的股票最後賣給S基金。這種錢不只是基金經理人在賺，連基金公司的老闆、大股東及相關親友們都會來分一杯羹，但是如果出事了，誰是替死鬼？當然是基金經理人！基金經理人可以隨時換人，基金公司的老闆和大股東就一直是「那群人」。基金經理人偷偷內線買股，自己和一些關係人再從中飽中私囊，已成為這業界不能說的祕密。

台灣的投信基金經理人大多由研究員做起，直到累積足夠的產業知識和人脈後，才有資格轉任基金經理人。由於這個行業競爭實在太激烈，只要績效一不好，隔年就馬上會被換掉，因此台灣基金經理人的職場壽命，長則兩、三年，短則一、兩年，其工作壓力可想而知。少數不肖的基金經理人，便想趁這一、兩年，替自己大賺一筆！這就是人性的貪婪！有些不肖的基金經理人不但自己口袋賺了一筆，為了保住飯碗或爭取高層重用，也會順便幫老闆們撈錢；就如前面所說的，老闆們永遠是「那群人」，基金經理人只是個棋子而已。

日前新聞提到安泰投信的基金經理人謝青良，負責操盤政府基金（就是和勞工有關的勞保、勞退基金），他利用職務之便透過內線交易，先以人頭戶低價買進盈正股票，等到一路炒高股價後，再利用政府基金接手買下，金蟬脫殼從中大賺七千萬後，人就落跑了。可憐的政府基金在短短三星期，竟然慘賠超過二億五千六百萬元！安泰投信最後受不了壓力而出面道歉賠償。但是如果這是市井小民所投資的基金，最後可能只能自認倒楣了！

不過，國內那麼知名的投信會出這種事，很多人圈內人都不相信事情會如此單純。金管會規定國內基金投資必須經過四道流程：「投資分析報告、投資決定書、執行紀錄及檢討報告」，一旦報告依據有問題，或者是投資分析的過程有缺失，金管會輕則罰鍰，重則影響基金送審業務。安泰投信在這四個流程中完全沒有發覺問題，真令人不可置信！是否還有其他高層的人物牽涉其中，也屢屢引發好奇與質疑。

市場變化太快，小心別讓基金「沒了氣兒」！

不曉得你是否注意到，很多檔基金在第一年、第二年有著耀眼的報酬率，但是五年下來，它的報酬率已經逐漸不如當初吸引人，甚至還出現虧損。為什麼呢？因為，這檔基金的人氣已經不再了！

有賺錢的基金，終究必須面對投資人在獲利到一定水位之後，開始停利贖回的問題。為了應付投資人贖回的壓力，基金經理人必須從市場上將投資部位變現，而導致基金的規模越來越小，基金管理費越收越少，基金經理人也無心經營，最後只能接受難看的報酬率；惡型循環下，這檔基金當然更難得到投資人的關愛。

另外，這幾年投資市場變化快速、波動又多，某一檔基金可能是今年最流行的投資標的，到了明年就不流行了。投資人紛紛贖回，換成更熱門的投資標的，股票市場、債券市場經常三、五年就來一次多空大循環；國際情勢也不太穩定，像是北韓動不動放話說要試射飛彈；美債、歐債也時時有新的危機。一連串的國際重大事件，常常加深一檔基金的操作難度。因此，一檔基金陣亡的時間變得越來越短，你的血汗錢投資基金時，可務必要謹慎！

第四章

你買的保險真的能保障你嗎？

相信很多人都有買保險的經驗，像是為了理財或儲蓄而購買壽險，或是因為出國旅遊而購買旅遊平安險，保險幾乎已成為現代人生活的一部分。我必須承認保險有其重要的地方，有買保險真的是多一層保障，不過保險業也有它的黑暗面，現在我將揭露一些你可能不知道的保險業內幕。

只要五%的資本，就能做起九五%的生意

保險公司其實就像一家合法的

吸金公司。我為什麼這麼說呢？其實它和坊間吸金公司的差別，只在於一個有牌照（保險業執照）、另一個沒有牌照罷了。吸金公司大多以高利來吸引投資人，但只是憑空承諾有高額報酬，並沒有實際保障；保險公司則比銀行的利息高一點，風險也沒那麼大。

事實上，保險公司的現金相當龐大，一直在尋求良好而穩定的投資管道，雖然法令限制保險公司的可投資項目較為嚴格，加上這幾年低利環境導致台灣的保險業獲利不如以往，但是保險業仍是金融相關行業錢賺最多的事業。光看台灣首富級的人物蔡氏堂兄弟就可以知道，他們的事業可是橫跨銀行、保險、投信、媒體、電信、百貨、網路……等多種產業！很多產業都有他們旗下保險業的資金，例如：富邦人壽就持有台灣大哥大的股權，也持有富邦金控的股權。

目前台灣保險業的投資項目仍以海外投資居多，約占四成左右，投資在國內的股票只占不到八%，所以當國際金融局勢動盪，或者是新台幣匯率變化太快時，都對保險業有重大的影響。目前是以資本適足率（RBC＝自有資本淨額／風險性資產總額）來衡量一家保險公司財務狀況是否健全的指標，目前的法定最低資本適足率為二〇〇％。

保險公司的經營就是運用財務槓桿操作最典型的代表，老闆和大股東們不用拿出高額的資本，卻可以做起很大的生意。一般壽險保險公司的資產中，約有九五％以上是對保戶的負債；就是說，有九五％的資產未來都要還給保戶，這才是壽險公司美麗財務報表下最真實的「裡子」。因此，在買保險時，還是要盡量選擇有信譽的大公司才比較有保障。

保險公司深諳最聰明的賺錢法：拿別人的錢幫自己賺錢

保險公司的收入約有四成都投資到國外金融市場，主要就是購買國外的金融商品，但是一家保險公司不可能自行養員工去研究國外的金融產品，所以通常是向國外的大型投資機構、國外的政府直接買進金融商品或是債券，或是委託國際型的金融機構代客操作，由國外的專業投資機構代為投資。

這些代為投資的機構如果在境外投資台股，就是所謂的「外資」之一；如果在境外投資美國的股票，就是美國金融市場中的「外資」。所以，保險公司也是我們常說的「外資」的主要成員之一。為了分散風險，保險公司會同時投資很多種市場，但是最大宗還是以能有固定收益的債券和房地產為主。

當保險公司在世界各國金融市場化身為外資之後，就會在外資券商或大型國際級投資、保管機構等處，設立專門的投資帳戶，透過這些帳戶進行交易。只要一交易，就會有手續費的支出，這些外資券商或大型投資機構對於大筆的交易，通常都會有手續費的退佣，但是手續費退到哪裡呢？當然是保險公司指定的帳戶了，這些帳戶有些都是前面所提到的ＯＢＵ帳戶；退佣一進入這些帳戶，錢大概就轉了好幾個帳戶，最後就流進了「那群人」的口袋之中。保險公司的老闆和大股東，用大家的錢替自己賺錢，實在是最聰明的賺錢方法。

另外，那八％的國內股票投資，也是保險公司老闆和大股東可以賺錢的管道。一般的保險公司內部都會有一個證券投資小組，負責把公司的收入拿去轉投資國內股市，創造收益，像是國泰人壽證券投資小組。不過保險公司為了風險考量，只會投資大型、安全的績優股，最好是像中華電信這種有穩定殖利率且股價波動緩和的股票。

國內的股票投資雖然只占八%，算起來也有好幾十億。如果鎖定投資某一支股票，出手時也會造成該股票股價的波動。只要預先知道這些壽險資金要進場買進的股票，先行買進，再等壽險資金進場時賣出，也能賺到不少價差。但誰會知道壽險資金準備要買什麼股票呢？除了投資小組的成員外，就是「那群人」！有沒有內線交易呢？我在此不做任何的評論，我只能偷偷地告訴你，「那群人」都是利用人頭帳戶、假外資帳戶進行交易，而構成內線交易的要件，就是要有「對價」的關係。要怎麼從英屬維京群島、英屬開曼群島、貝里斯、巴哈馬群島問出這些外資的持有人呢？這些外資的背後還有好多家公司，甚至好幾個神祕的基金，嚴密的程度讓外人很難揭穿帳戶的虛實，只有當事人才知道其中的設計及內幕。

這就是台灣內線交易猖獗的原因，也使得股市的內線交易在台灣的判刑率不到三成。我相信手握幾十億、幾百億資金的保險公司老闆及大股東們，不會不知道最聰明的賺錢方式，就是利用別人的錢替自己賺錢。有沒有趁機進行內線交易？也只有當事人自己心知肚明！

靠房地產錢滾錢，本土保險公司賺很大

除了前面提及的境外金融商品及國內股票投資，保險公司也喜歡做些保單貸款及房屋貸款。前一陣子房地產市場熱絡，許多保險公司由於手邊的現金實在太多，乾脆推銷房屋貸款業務，你的保險業務員就變為房屋貸款專員，向你推銷房屋貸款；景氣不太好時，保險公司又會開始推銷保單貸款，就是要看能不能從你的身上撈點錢。

滿手現金的保險公司有時真是為錢的出路傷腦筋。這幾年房價高漲，受益最多的就是國內老牌保險公司，因為早先擁有許多土地，現在隨便轉賣或者是向銀行抵押借款，筆筆都價值不斐。

房地產投資可以有穩定的租金收益，像是新光人壽，就把信義計畫區的土地租給寒舍餐飲集團開設寒舍艾美酒店；國泰人壽也把信義計畫區的土地，租給微風廣場開設新的購物中心。如果買到的房地產遇到都市更新，那更是賺翻了，價值可能會翻好幾倍。

這幾年富邦人壽、國泰人壽、新光人壽等老牌保險公司，紛紛砸下重金買台灣房地產，雖然他們持有的只是商業用途的大樓或土地，但是台灣的房地產因為有了這些大型保險公司的「加持」，整體房價跟著水漲船高，一般市井小民也只能望屋興嘆！

外商保險公司幾乎都沒有投資國內房地產，以投資境外金融商品居多。但是，這幾年國際金融市場動盪不堪，不論國內的保險公司或是外商保險公司，投資在境外金融商品幾乎都沒賺到什麼錢，加上全球性普遍的低利環境，所以外商保險公司在台灣大多「水土不服」。除了無法提供比本土保險公司較高的報酬之外，母公司還因為國際金融市場的動盪而自顧不暇，無法給予更多的資源，最後就是黯然退出台灣市場，像是ＡＩＧ出售南山人壽就是一個例子。

你未來二十年的增值空間，都被保險公司賺走了

保險產品中最賺錢的就是「壽險」。壽險不像意外險，只能賺你一次，這種保險能賺你二十年，因為你每年都要繳保費，要繳個一、二十年，最後就得到一個「終身保障」。

很多人會把壽險當做儲蓄型的保險，業務員或銀行理專一定也是這樣告訴你。但是，這可能是世界上最糟糕的儲蓄之一。試想，每年繳十萬元，二十年後總共繳了二百萬元，就可以得到二百多萬元的保障到終身，看起來好像很合理。但是，如果我們從「時間價值」的觀念來仔細看，你就會發現，這真的是世界上最糟糕的理財之一。沒錯！保險公司要賺你的，就是「時間價值」。

例如：三十年前台北市忠孝東路四段上一間六十坪房子多少錢？約四百多萬元。三十年後，相同地點的房子要多少錢？至少六千萬元！就算三十年前沒那麼多錢買這間房子，如果向銀行貸款購買，三十年下來所繳的本金和利息加總，也不會超過八百萬元，怎麼算都比買壽險划算，因為三十年前的四百萬和

現在的四百萬，價值完全不一樣。

再看壽險。現在每年付十萬元，二十年後拿到二百多萬元的保障，現在二百萬元可以買一台ＢＭＷ的汽車，二十年後的二百萬可能只能買到一台高級摩托車了！這就是保險公司賺錢的地方，他們可是花了一大筆錢請很多精算師幫他們計算過的呢！

沒有人可以讓時間停止，所以保險公司光是賺你「貨幣的時間價值」，就可以讓他們的口袋飽飽。你有沒有想過，剛才舉例的房子如果換成一棟大樓，由這家保險公司在三十年前用你繳的保費買進，現在轉賣後會賺多少呢？即使不轉賣，三十年下來的租金收益也夠可觀了。但是，這些時間價值的獲利並不會進到你的口袋，而是保險公司賺走了。這就是為什麼保險公司敢賣你十五年、二十年的保單，資產會隨著時間而增值，而你的保單絕對趕不上物價的通膨。

門檻低、獎金高，歡迎有志金融業的年輕人來當保險業務員！

很多保險公司的業務運作模式，都是找來一些能講敢衝的業務員來推銷，不管你的學經歷如何，只要保單賣得出去就好，賣得越多，抽佣和獎金也越多。用盡你的關係去推銷，臉皮越厚越好，這就是台灣保險業的銷售生態。這行訓練員工的方式，就是讓員工充滿信心地去賣保險，先從自己的親朋好友開始。主管都會告訴業務員，如果連自己親友都無法說服，如何向他人推銷？所以如果有好久不見的同學或朋友，突然打電話給你套關係，就是要你跟他買保險了。

我們金融業常開玩笑說，年輕人想從事金融相關的工作，最簡單就是去當保險業務員。做這行沒有什麼門檻，客戶的反應也只有兩種答案：ＹＥＳ或ＮＯ，真的很適合剛出社會的年輕人磨練應對進退的技巧。

有時我們可以在電視上看到，某某金控年終獎金有十個月，真是羨煞人！其實金控銀行事業群的年終沒那麼好，這筆年終獎金指的是，這家金控旗下保險事業群保險業務員一年下來平均所領到的獎金，有些超級保險業務員甚至可以領到二、三十個月的獎金！

不過這一行獎金雖高，底薪卻很低。很多保險業務員的底薪都只略高於勞基法保障的最低工資，平均來說，大約十個月的獎金剛好足夠彌補較低的底薪。但是以一個終身壽險保險代銷通路來說，有時高達八％的獎金，一般保險業務員也有三・五％的獎金，第二年客戶如果續保還有二％的獎金，還是高得嚇人！我曾經遇過一個保險業天王，他每年成交幾十億的保單，年收入更是破億。

不過，台灣其實沒有保險公司！什麼？那我的保險單跟誰買的呢？是的，台灣真的沒有保險公司，只有「保險仲介公司」。一般你買的保險，雖然上面寫的可能是富邦人壽、國泰人壽、新光人壽……等公司名稱，但是他們只是賣你保險的「仲介」公司。這些保險公司拿了你的保費之後，就會在把你的保險再轉投保國內的中央再保險公司或是國外的「再保公司」，以降低風險，所以我們常說「保險無國界」，就是這個運作模式。

在台灣，保險公司是不願意負擔任何風險，因為規模不夠大，資本不像國外的再保公司那樣地雄厚，遇到重大的天災人禍，可能就會負擔不起鉅額的賠償而倒閉。例如美國紐約發生九一一攻擊事件，就倒了兩家保險公司；如果台灣每年夏天，都遇到幾次像納莉颱風那樣的淹水事件，光是泡水車就賠不完了。保險公司如果沒人共同分擔理賠，一定元氣大傷，還可能會出現財務危機。所以，國內保險業都是以保險仲介公司的模式在經營，多了一層再保公司，這多出來的費用，還是由你買單的，保險費當然不便宜。說真的，在台灣買保險，有時真是保費貴且保障少啊！

保險公司佣金制是先顧好業務員

簡單來說，保險就是經濟學風險管理的方式，方法是加入某個團體，一人有難，大家分攤。對於真正懂保險的人來說，保險絕對不是一種理財工具，而是一種規避經濟損失和人生風險的避險工具。不過，台灣的保險業務員、理專賣你保險產品，不是要幫你理財，而是為了賺取你的「佣金」。因為佣金制度導致台灣的儲蓄險、壽險極為氾濫，但是應有的保障卻嚴重不足。

什麼是佣金制度？就是每家保險公司都有一份「佣金表」，這份佣金表一般人看不到，只有公司內部的人才知道，因為這可是業務機密！從佣金表就可以明顯地看出，保險的佣金首先要支付一筆費用當作業務人員或銀行理專的收入，其次是保險代理公司的營收，第三是保險公司的獲利，扣完這三筆費用，剩下的錢才是用來保障花錢買保險的保險人。

你會不會覺得很扯呢？但就是這種高額的佣金分配，第一線的業務員和理專才會拚命賣保險。他們賣保險是保障收入，而你買保險是保障生活，雖然各取所需，但是你才是真正花錢買保險的人，卻必須等扣完這三項開銷保障他們的收入之後，才輪到保障你的生活！這些佣金都是從你所繳的保費中瓜分出來，想想看，你買的保險還剩多少錢來保障你的生活呢？

接著再偷偷告訴你幾個關於佣金表的祕密。儲蓄險的佣金是最高的，約有一五％～四〇％的首年保費，例如你第一年繳了十萬元保費，則業務員或是理專的佣金收入就有一・五～四萬元，只要保戶有續約，經手這筆保單的業務員還可以繼續領佣金，約有一～三％。另外，承保期越長，佣金就越高，尤其是終身險的佣金更是高得嚇人。值得一提的是，被保險人的年齡越大，保險業務員的佣金也高。因為對保險公司來說，年紀較長的人所負擔的風險期間較短，年紀較輕的人所必須負擔的風險期間比較長。

總結以上的佣金制度，你覺得保險業務員和理專最愛賣什麼保險呢？當然是儲蓄險！他們也會鼓吹客戶買下的年期越長越好，最好是二十年期，且最好是年長又錢多的客戶。綜合這些條件簽下來，這張保單的佣金就可以讓業務員賺飽荷包了。

一個人不可或缺的只有兩種保單

台灣人買保險幾乎成了全民運動，而且買的張數和金額都高於國外。根據一項調查，台灣人的保單數量是美國人的三倍，日本人的二・一倍。其實，買保險重點不在於買多，而是要買得好、買得巧。

人一輩子只要買兩種保險就足夠了，一種是「終身壽險」，另一種是「醫療險」。雖然我前面提到，買壽險是最糟糕的儲蓄，不過壽險的好處是可以強迫自己儲蓄，雖然是投資報酬率不佳的儲蓄，但是日積月累也是為數可觀的一筆退休金。有些壽險有分紅制度，繳到某個年紀之後，每年可以領取一筆小額養老金，如果面臨急用之際，也可以把壽險解約，拿回你當初所投入的本金外加利息，也不為是一大幫助。不過我還是要提醒，如果你有錢投資房地產，我還是會建議你去買房子。畢竟房子增值的幅度一定比你的壽險保單要來得高。

其次是醫療險。這張保單顧名思義就是替你負擔醫療費用，例如：住院醫療、手術費、緊急醫療轉送……等。天有不測風雲，人有旦夕禍福，沒有人會知道自己什麼時候可能突然生病。雖然台灣有全民健保，不過健保只能概括承擔一般小病，萬一得到重大疾病或意外，健保的給付還是很有限，可能無法完全負擔所有的醫療費用，所以加保醫療險在台灣是絕對必要，因為你絕對不希望當你生病或發生意外時，變成家裡沉重的負擔。

幾年前，台灣的保險公司曾推出「理賠無上限」的醫療險保單，那時候真的是賣翻天，後來因為金管會擔心保險業者負擔的風險太大，於二〇〇七年要求停售，當時有買到的人真是賺到。這類型的保單停售之後，還是有廣大的市場需求，有人乾脆透過其他管道，去買這類型醫療險的境外保單，因此有聰明的保險公司看到這個商機，就推出一種號稱「理賠也無上限」的變種醫療險。

這是一種「帳戶型」（或稱「倍數型」）的醫療保險。與前面理賠無上限醫療險最大的差別在於，它並不是真正的理賠無上限，還是有一定限額的理賠總額，用完理賠總額就不再理賠，除非你日後願意繼續掏錢出來再買這個保險。

保險業者玩新一代理賠無上限的手法就是利用「保費調整機制」。當你理賠金額越高，隔年的保費也會越貴，就像汽車保險一樣，如果保的是全險，發生事故會全額理賠，但是隔年保費絕對會讓你大吃一驚。這種帳戶型的理賠無上限醫療險也是看病、住院、醫療全額理賠，但是保險公司不會做虧本生意，今年替你付的費用，明、後年一定會向你「加倍要回」。

連意外險都不送你，這種業務員只在乎佣金

買了壽險和醫療險之後，如果真的還缺什麼保險，大概就只剩下「意外險」了。不過意外險千萬別花錢買，而是要保險業務員免費送給你。什麼？天下有那麼好的事！是的，前面不是說過，保險業務員在賣你保險時賺翻了嗎？所以要他們送你一張意外險保單也沒什麼。

意外險怎麼送呢？千萬別只要他們替你支付意外險的保費，他們今年幫你出錢，明年就會忘記你了，之後萬一他們離職，你可能連人都找不到了。最好的方法就是，要保險業務員把它綁在你壽險中的「附約」，直接送給你。

一張保單中可以有主約，也可以多加個附約，附約是跟主約綁在一起的，當然是綁保險期間最長的壽險了，反正意外險沒有人希望會真正用上，保險公司也是和你賭運氣而已，但是一次能送個二十年的意外險給你，也是對你所繳那麼多保費的一點補貼了。你的保險業務員可能不願意這麼做，但是這卻是他做得到的。他若不願意送意外險給你，代表他在乎他的收入更甚於對客戶的關

心，你大可不必向這種業務員買保險了！

境外保單雖然便宜又大碗，但小心變成「孤兒保單」

前面提到，台灣的保單由於業務員獎金高，保險公司本身又只是個再轉保險的仲介公司，保單當然是保障少、保費又貴。於是，有些業務員會向客戶推銷「境外保單」。境外保單並非不合法的地下保單，只是沒有經過台灣的金管會核准上市，核准上市的保單會有財政部的核准文號。那麼，境外保單為什麼不送金管會審核上市呢？

其中有很多原因，可能是台灣市場不夠大，如要在台灣發行就必須找通路代理商，這又攸關成本的考量。也有可能是投資型的保單，連結產品的風險較大，台灣金管會不容易核准。也有可能是這些保單有牴觸台灣部分的法令，以致無法在台灣上市。不過不管是什麼原因，這些境外保單真的是比較便宜。

在相同的承保條件之下，美國的地下保單保費比台灣的保費便宜一半以上，其他地區的境外保單保費，也比國內同型保單便宜三〇％，甚至有些境外保單的被保險人只要能提出足夠的資產證明文件，就可以投保金額無上限，使得很多人趨之若鶩。

這些境外保單過去只賣給高資產的族群，保障額度至少以百萬美元起跳，是許多富人節省遺產稅的手段之一。但是近年來，因為低利率環境造成國內壽險保單保費的高漲，外加退休規劃的觀念日漸普及，在高度競爭的背景下，一般人也可以向保險經紀或代理人買到這類型的保單。

買這類型的保單最需要注意的就是風險。這種保單的母公司在境外，非金管會所能管轄，如果發生什麼糾紛，那可能真的會求償無門，也無法申訴。如果招攬公司結束營業，那麼這張保單就會變成「孤兒保單」。因此，在購買境外保單時，還是要多了解與比較才穩當。

分紅保單其實是高風險、低利潤的「次級保單」

另外，有一些業務員和理專會向你推銷一種「分紅保單」，就是買了這張保單，可以分紅保險公司的經營績效。這種保單只是保險公司為了搶市占率的騙局，很多保險公司標榜會與客戶分享七〇～八〇％的收益，其實保險公司賺不賺錢是跟你完全沒有關係的，只有這張保單轉投資的標的有賺錢，你才可以分紅，但是要依照貢獻度來計算，你想想，你的貢獻度會排在最前面嗎？

現在長期利率偏低，很多保險公司都被利差壓得喘不過氣，哪還有餘力創造出良好的操作績效讓你分紅？況且，只要是投資就會有風險，風險誰負擔呢？當然是保戶！但是賺錢後，優先分紅的絕對不是客戶！因此，我不建議讀者買這種保單，這種保單比較貴，分到的紅可能還不如多繳的保費。

買保險，就是要買最需要且可以給予你足夠保障的保險，千萬要多比較、多殺價，不要相信業務員千篇一律的話術，簽約之前要詳細詢問保障的內容、保障的範圍、理賠的要求。只有買到最適合自己的保險，才有真正的保障！

第五章

專為富豪階級服務的私人銀行

說到私人銀行，很多人都聽得霧煞煞。不過如果我舉例，「瑞士銀行」就是一家私人銀行，你一定就不陌生了，馬上想起它那三支鑰匙的LOGO，也聯想到它常出現在電影中，專為多重身分的情報員或是世界頂級富豪服務；那些戶頭只有帳號和密碼，沒有戶名。私人銀行真的這麼遙不可及嗎？

開戶門檻喊出美金兩百萬現鈔，一探客戶財力虛實

私人銀行與一般商業銀行的業務，並沒有太大差異，主要有兩點不同：一是客群，二是理財產品。

私人銀行的客群主要集中在有錢人，但是近年來由於競爭日趨激烈，私人銀行的開戶門檻越來越低，甚至會搶一般商業銀行的超級VIP客戶。私人銀行提供給客戶的理財產品選擇性比較多，除了銀行賣的理財產品，還可量身訂做客戶偏好的金融商品，還會提供法律、稅制等諮詢及服務，這些服務能吸引滿多富豪客戶，但服務並不是免費，收費也不便宜。

目前想在私人銀行開戶，至少要有美金一百萬以上的現金（約台幣三千萬），比財富管理的客戶高很多。私人銀行客戶比較穩定，很多客戶一往來就是一輩子，甚至兩、三代，因為我們提供一般財富管理銀行沒有的資產信託服務，就是完全依照客戶的意思規劃遺產，大部分的客戶會把他們的遺產指定給好幾個子女，甚至還有非婚生的子女及他的「小三」、「小四」……等等。這

就是我們的重點服務，因為客戶的枝葉就是我們未來潛在的客戶。私人銀行提供這種服務不只賺客戶一個人，還可以賺到客戶的第二代、第三代。

不過，客戶的資產在繼承時分散，加上財富管理銀行也來搶客戶，使得私人銀行必須一再降低開戶門檻，有些私人銀行甚至把門檻降至美金三十萬。這幾年私人銀行對客戶變得愈來愈重量不重質，很多中小企業的老闆或高階經理人，都躋身成為私人銀行客戶，與過去以頂級富豪為主的客群有很大的改變。其實頂級富豪現在都不在私人銀行開戶，他們都轉到「家族辦公室」，後續我會為大家說明。

不過，門檻雖然是美金一百萬，但是我們在客戶詢問時，都故意說是「美金二百萬」，為什麼呢？因為我們要測試一下客戶的實力，如果客戶聽到美金二百萬，他的反應是「那有什麼問題？」馬上帶美金二百萬來開戶，那他可能是個有實力的大客戶，未來一定要好好削他一筆。反之，如果客戶聽到要美金二百萬就面有難色，那這位客戶一定是個小咖，只能充客戶的數量，無法對私人銀行創造多大的營收。不過我們還是歡迎他來開戶，畢竟客戶永遠不嫌多，但是我們會告訴他，我們是多努力向主管爭取，才「特別」讓他以一百萬美金就核准開戶。客戶聽了一定是感激不盡，以後我們要賣他產品就更容易些。其實，開戶門檻本來就是一百萬元美金，但是這招話術非常管用！

頭銜名為副總裁，其實不過區區業務員

一般來說，我們所謂的「私人銀行家」，其實就是私人銀行第一線面對客戶的客戶關係經理，不過這只有我們內部主管是這樣稱呼，當他們在外面拉業務時，名片上的職位可是會嚇死人。每一位的名片拿出來，都是副總裁、董事級，其實他們的工作就是去拜訪客戶聊聊天，順便推銷金融商品，有點類似財富管理銀行的理專。事實上他們就是私人銀行的理專，只不過財富管理銀行的理專是你要去銀行裡找他，但私人銀行的理專是親自來拜訪你。

那你一定想問，為什麼名片上的職位都是副總裁、董事？你想想看，私人

銀行家拜訪的客戶，都是董事長、總經理級的人物，如果他只是個普通的經理、業務員，這些大老闆可能沒時間接見。但是看到頭銜是私人銀行的副總裁、董事，大老闆會覺得你好像是銀行的高層，加上如果是有名的私人銀行，例如瑞士銀行、高盛、法國巴黎銀行等，那更是相得益彰了。試想，台灣私人銀行的客戶大多是中小企業的老闆、總經理，他們一看到名片頭銜，以為是私人銀行高層親自來訪，還沾沾自喜，覺得自己備受禮遇呢！

私人銀行的「副總裁」有多大？簡直就是銀行裡倒數第二的職階。一家私人銀行裡，一般的行政人員叫做助理副總裁，接下來就是副總裁了！什麼？真不敢相信吧！事實就是如此，外商基金公司最小的職位叫做經理，對應到私人銀行的職位就是副總裁。

一家私人銀行裡叫「副總裁」的員工占最多，你可能無法想像，一層樓裡有三、四十個人都叫副總裁；副總裁的權力有多大？他們不但沒有自己私人的辦公室，位居菜鳥級副總裁還要幫忙倒茶水、影印資料、做跑腿工作。雖然有些銀行會給兩個副總裁配一個共用的助理副總裁，支援一般的行政工作，不過副總裁在私人銀行裡真的很小；但是到了外面，大部分人都不太懂，對私人銀行副總裁畢恭畢敬。曾有朋友跟我說，他認識花旗的副總裁、ＪＰ摩根的副總裁，了不起吧！我想，他會這麼得意，真的是認知上的不同！

其實，私人銀行扣除一般的行政助理，也只有四種職位名稱而已，就是「副總裁或助理董事」、「董事」、「執行董事」及「董事總經理」。由於「副總裁」實在太多，有些私人銀行像瑞士銀行，乾脆就取消副總裁這個職銜，改為「助理董事」，讓官名看起來比同業更大一些，客戶感覺也會更好。那麼，管理這些員工的主管又怎麼稱呼？他的職位名稱是「董事總經理」，所以在私人銀行內部，常常整層樓都是董事總經理，但是可能只有一個是管理職，他就是這個業務團隊的主管，他才真正擁有實權，管理整個團隊的業績及後援。而你一定見不到他，你只能見到業務員的董事總經理，甚至只是業務員的執行董事、董事、副總裁等等。

這些人頭銜「看起來」很大，工作卻和一般財富管理銀行的理專一樣。不同的是，私人銀行的產品種類較多、服務性質有點類似全方位的私人財務管家，而且對業績的要求也更高。通常職位越高，業績要求越高。舉例來說，董事職每年的業績至少要有台幣十五億元。

富二代最適任私人銀行家，「靠爸」裙帶關係拉抬業績

私人銀行主要是以ＡＵＭ（Asset Under Management）或者是ＮＮＭ（Net New Money）這兩種制度，來考核私人銀行家年度業績的表現，看你今年新增了多少ＡＵＭ或是ＮＮＭ；計算方法是，如果今年你拉進二十億的業績，但是流失了總值五億元的客戶，那你的ＡＵＭ或ＮＮＭ就是十五億。

這個數字可是會影響私人銀行家們的年度分紅，還攸關他在公司的排名！不管是董事總經理或是副總裁，無論如何都要衝出業績，業績太差那真是會非常地難堪。每年年中之後，就是私人銀行業務開始衝業績的時刻，你會發現，他們都是在這時候特別勤快地打電話給你！

固然在私人銀行業中，從董事總經理到副總裁，全都是私人銀行的業務員，重要的是你有哪些人脈！你不但要認識有頭有臉的人，還要有辦法把那些大咖拉來開戶、購買商品，這才是銀行給你那麼好聽頭銜的主要原因。所以，我們都盡量找知名企業家或政治人物第二代來擔任這個職務。

大人物的第二代可以透過「靠爸」，認識很多潛在客戶。這樣你就知道，為什麼常會在媒體上得知，哪個企業家或是立法委員的女兒、兒子進入高盛、花旗等公司擔任副總裁。

複雜到客戶都搞不清楚時，就是我們賺錢的好機會

私人銀行家面對的都是些大老闆、頂級富豪，過程都是怎麼互動呢？名片的頭銜只是開了一扇門讓雙方搭上線，真正要讓客戶買單的話，還要取得客戶的信任，在客戶前面表現專業就變得非常重要。當這些大客戶有理財投資相關

的疑問，首先就會想聽聽這些「董」字輩、「總」字輩的私人銀行家的意見。其實他們只是業務員，不過私人銀行會把他們訓練成「百事通」，什麼事情都能跟客戶聊上一、兩句。同時會訓練他們學習有錢人的嗜好，例如：紅酒、高爾夫、藝術鑑賞等等。可別小看這些知識，有時可以讓客戶一直滔滔不絕地聊下去，還可能把你當成好朋友。

為要取得客戶的信任，有時我們會把簡單的事講得很複雜，一方面為了假裝專業；另一方面，複雜到客戶搞不清楚時，我們就能不著痕跡地多賺錢。舉例來說，這幾年私人銀行由於業務競爭激烈，有些客戶喜歡比較，甚至會殺價，利潤其實已經大不如前了。但是生意和客戶關係不能丟，我們乾脆就主推利潤較高的額外服務，除了可以讓客戶感覺我們與眾不同，也可以增加客戶的忠誠度。這些額外服務像是協助代購私募基金、投資藝術品、買私人遊艇；甚至客戶非常有錢的話，要買私人飛機也行。

若是客戶買下我們推薦的商品，我們就可以從合作夥伴收到佣金，但是一般私人銀行的客戶是不太會買這些東西，所以我們就把理財產品和一些可賺錢的服務綁在一起，給一個看起來更漂亮的優惠價格；事實上是，理財這一塊少賺，就從服務那一塊賺回來。

推銷這些額外服務的原則是，把過程複雜化。例如一件單純的信託，其實私人銀行內部就可以完成，但我們會說，這可能還要律師、會計師參與才行，這樣就可以賺律師、會計師給我們的退佣。或是客戶想在英屬維京群島登記私人境外公司，其實他每年只要繳三百美元給當地政府，但委託私人銀行家經手，我們就會找常合作的企管顧問公司來辦理；企管顧問公司每年向客戶收取一千二百美元的年費，其中三百美元會代替客戶繳給當地政府，五百美元是企管顧問公司的收入，四百美元就是我們的退佣了。你想想看，光是一家境外公司每年就能輕鬆入帳四百美元，私人銀行家每年幫客戶成立的境外公司，可是有數十家之多！

讓客戶參與投資決策，免客訴風險照樣賺飽飽

如果是請私人銀行給客戶投資建議，就叫做「投資組合諮詢」，簡單說，就是要你買這個、買那個；如果是委託私人銀行替客戶投資，這種服務叫做「全權委託投資」；另外我們也有「投資顧問服務」，就是我們會主動建議你買一些金融產品，但與全權委託投資不同的是，買之前我們會提供建議和研究分析報告，買不買還是要由你決定，不像全權委託投資，只要簽個合約，我們就可以擅自幫客戶買產品，再定期提供投資報告給客戶。這些模式的原型，就是前面提到的「財富管理」的模式，只是金額更高，客戶的身分更高一階了。

其實私人銀行最喜歡客戶選擇「全權委託投資」的服務，因為這種代客操作的服務對我們最有利，我們等於是得到客戶的授權，想把客戶的錢拿來投資什麼都由我們決定，我們當然會買對自己收入最有利的投資組合，而且有些產品的紅利和佣金能讓我們持續領好幾年。當我們替客戶買進這類金融商品，就可以預估未來幾年至少有哪些收入會進來，等於是躺著都有錢賺了。

不過很多客戶也喜歡自己投資，只想要我們給他一些投資建議。於是，在私人銀行就出現一種最熱門的銷售技巧——顧問式銷售技巧。這是因為當前的客戶變得比較有想法，乾脆讓客戶參與自己的資產配置，銀行家搖身變為提供建議的「顧問」，每位私人銀行家都要上這方面的課程。

聽起來好像很棒，但是私人銀行願意改用這種方式推銷，可是有原因的。一般客戶對金融商品都不太了解，尤其是私人銀行的金融商品更是複雜，透過這種銷售技巧，可以順便「教育客戶」，灌輸他們風險概念，免得將來發生客訴。

私人銀行很怕客訴，尤其私人銀行很多客戶身邊不乏律師和會計師為他們服務。透過顧問式銷售技巧，私人銀行家可以預先知道客戶的想法和風險認知等背景，同時讓客戶一同參與決定投資的過程，就算發生虧損也可以撇得一乾二淨，全部推給客戶，畢竟是他自己同意要買的。這種銷售技巧還能一探客戶的虛實，了解客戶實際的財力，也可藉由共同參與客戶的理財計劃，拉近與客戶的關係，順便了解客戶的需求，作為未來推銷產品和其他服務的參考。

不過說真的，私人銀行家雖然是顧問，但我們根本不會給什麼好的投資建議，只會建議客戶買那些讓我們能多賺錢的金融商品。畢竟第一線的私人銀行家本質還是業務員，重點還是要達到龐大的業績數字哪！

客戶有時會問我們，是否有推薦的「明牌」。拜託！我們只不過是空有頭銜的高級業務員，又不是股票分析師，怎麼知道什麼明牌？如果真的有什麼明牌可以大賺一筆的話，我們怎麼會還在這裡跟你辛苦推銷、看你的臉色呢？真要說有什麼專業建議的話，私人銀行內部確實有一些「專家」，專門幫客戶做投資建議及資產配置；只不過這些所謂的專家，大都是ＭＢＡ菜鳥畢業生，有的只有幾年工作經驗而已。私人銀行和麥肯錫企管顧問公司一樣，最喜歡找ＭＢＡ剛畢業的新鮮人，薪水低、認真又耐操，但經驗不足的菜鳥ＭＢＡ就當「顧問」，很難避開金融海嘯或是市場極速崩跌，賠錢的時候真是叫天天不應、叫地地不靈啊！

不過，現在建議客戶的資產配置組合都已經電腦化，只要把客戶的期望、風險偏好和相關資料輸入電腦，螢幕就會秀出投資建議，我們只要針對細節再做些許調整，就能端出一份建議報告給客戶。這樣的工作由一個菜鳥ＭＢＡ畢業生來做，應該是可以的。

當然，銀行內部也有不是菜鳥的投資專家，不過你得知道，私人銀行也有分大客戶和小客戶。和一般商業銀行不同的是，我們私底下不是以客戶的資產區分，而是以客戶的貢獻度來區分。所謂「貢獻度」，就是對私人銀行有貢獻，可以讓我們賺錢，畢竟，不能賺到錢的客戶，花那麼多的時間理他幹嘛呢？只有貢獻度高的大客戶，才能優先享受資深投資專家的服務。

近年來，顧問式銷售技巧幾乎變成每家私人銀行經營客戶的王道，只不過在更了解客戶的同時，是不是真的站在客戶的立場來經營客戶關係，為客戶謀取最大的利益？還是只想賺客戶的錢，為自己謀取最大的利益呢？我想這是有待商榷的部分。

風險留給客戶，管理費我們賺定了

私人銀行與一般財富管理銀行的金融商品差異很大，但是還是以境外金融商品居多。私人銀行為什麼要推那麼多境外產品呢？前面曾提過，台灣的金融法令比較嚴謹，境外商品就不受台灣金融法令規範，私人銀行比較有操作空間。但法令嚴謹有時反而保障消費者，起碼在出事時找得到人負責。

境外金融商品包含：境外基金、境外的結構型商品、境外的私募基金、境外的房地產基金，種類多又複雜。光是一種金融商品就有好幾十種形式和組合，舉例來說，光是固定收益的債券就會讓你眼花撩亂，它可以組成數十種不同類型的基金，例如：組合債券、可預償式區間計息債券、可預償式陡峭收益率曲線債券、變動到期日反向浮動利率債券……，我再說下去，你可能就要頭暈了。事實上，這些金融商品名稱，連我聽著都頭暈。本質都是「債券」，卻可像變形金剛一樣，隨著搭配的組合和操作方式的不同自由變體，變體後名稱也不一樣。

私人銀行販售的金融商品，和客戶在一般商業銀行能買到的連動債、高收

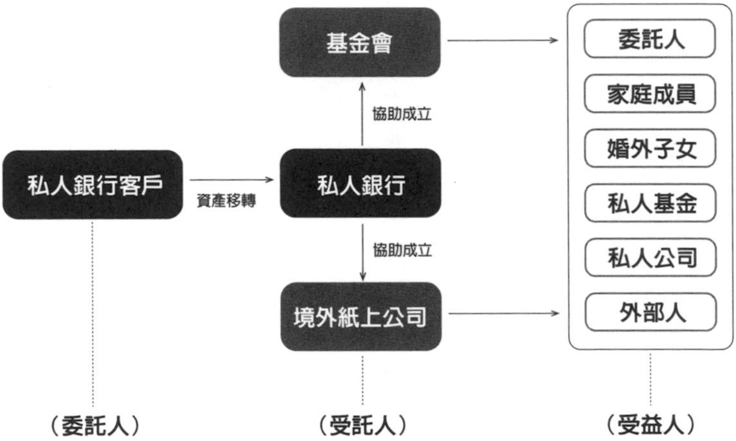

圖 5-1　有錢人透過私人銀行進行資產移轉

益債很類似，但是私人銀行會依照客戶的需求客製化，或是向國際級的資產管理公司購買，我們再與這些機構簽約抽佣。例如，一檔年化報酬率三%的理財商品，假設私人銀行每年可以抽〇・三%的管理費，我們會與販賣金融商品的資產管理公司簽一份保障合約，保障我們每年一定有〇・三%的管理費入帳，剩下才是分給客戶的三%；如果未來報酬率未達三%，或是操作不慎要停損，那我們也有優先的分配權利。因此，客戶的報酬率在入袋之前，已經有〇・三%被我們先偷偷吃掉了。私人銀行每年都穩賺〇・三％，但投資風險卻是客戶在承擔，領取報酬的優先次序和分配權利也在私人銀行之後。

私人銀行還會販售境外保單，這種保單可以連收好幾年的佣金，所以只要賣幾張人壽險的大單，明後年的基本收入大概就可以預估，這些私人銀行家根本都可以躺著等領錢了。這種境外保單能給私人銀行家那麼高分紅和佣金，保單所屬的壽險公司在台灣根本都沒有註冊，也沒有據點，更不受政府管轄，一旦出了事，就只能靠私人銀行替你求償了。為什麼這些大客戶會想買境外保單呢？因為這種保單可以作為遺產規劃，看國泰的蔡萬霖去世時，沒繳多少遺產稅就可以知道，這種保單多好用了。

私人銀行很重要的業務之一，就是經手信託和財產遺囑（參見圖5—1）。這部分業務，特別有機會知道別人家的秘密。兄弟爭產、小三介入婚姻、出國瞞著老婆帶辣妹、帶伴遊小姐去打高爾夫球、欠債逃漏稅、有錢卻很小氣、有特殊怪癖……好多好多，有時也會從客戶的信託計畫中，預先看出一些知名人物的分分合合。一些知名人物在被驚爆離婚分手之前，在協議財產分配中就事先看得出端倪。不過我們都會保密，也會裝作沒看到，畢竟這就是我們這一行的基本道德要求。

「家族辦公室」和富豪站在同一陣線，有錢大家賺

「家族辦公室」是私人銀行中最高等級的服務。一般私人銀行是一群人服務多位客戶，但家族辦公室是客戶養一個團隊，專門服務自己的家族。這個團隊通常約十五人上下，由執行官和一群投資、法律、稅務、特殊服務項目專家所組成，專門負責幫客戶投資和經營管理家族的事業。由於開支龐大，只有少數頂尖的有錢人才會有家族辦公室，不然不划算。

一般來說，要成立家族辦公室的門檻，至少要有一億美元可供管理資產。家族辦公室宛如一個獨立的小型私人銀行，與私人銀行負責的業務差不多，但好處是，家族辦公室是專門為家族投資獲利，銀行和客戶之間沒有利益衝突。

目前家族辦公室最大的市場在美國，未來有可能會是中國，我想未來一定會有越來越多的家族辦公室出現，畢竟私人銀行現在的服務與商品各家已經大同小異，未來一定無法完全滿足年輕一輩頂級富豪們的期盼與需求，家族辦公室一定是未來頂級富豪財富管理的新趨勢。

專業服務全外包，溝通不良搞烏龍

為了因應客戶各式各樣的需求，私人銀行光靠那些董事總經理、執行董事、董事、副總裁等私人銀行家在工作還不夠，還要有一群支援的後勤部隊。私人銀行家負責第一線工作，把客戶的錢騙進來，接著就由這群後勤部隊請專人規畫投資及操作。

私人銀行會聘請各領域的專家及投資顧問，像是有執照的專業理財規劃師、房地產專家、法律或是稅務專家。他們的頭銜可能沒像董事總經理聽起來那麼高，不過他們才是負責客戶大部分資金的運作與分配，在私人銀行的團隊中，他們才是最頂尖的一群人。然而，近年來私人銀行為了降低成本，逐漸不再自己養專家，而是把需要專家的業務發出去外包。

既然外包，就容易出包。最常見的就是，第一線的私人銀行家與客戶講得天花亂墜，回來與外部專家討論後才發現，有技術上和法律上的問題，根本做不到。還有，有些私人銀行家在與客戶電話溝通後，才轉達給外包的專家，話轉來轉去，講錯、聽錯而衍生出許多問題。更扯的是，還曾在外包過程中，搞錯了客戶的委託。曾經有家著名的私人銀行，幫客戶競標某個知名國際畫家的畫作，後來高價得標後，才發現記錯客戶的委託細節。原來這位客戶要標的不是這幅畫作，是同一位畫家的另一幅畫作！後來只好私人銀行自己花錢買下來，再轉賣出去，真是很糗！

現在有些私人銀行為了降低與客戶間的糾紛和自身業務的疏失，所有對客戶的電話都會錄音，但卻也讓客戶留下一些交易的證據。

私人銀行在美國的威脅利誘下，成了「抓耙子」

最近這幾年，美國政府對追富人逃稅特別的嚴格與積極，並於二〇一三年開始實施FATCA（俗稱「肥咖條款」，全名為《國外帳戶稅收遵從法》（Foreign Account Tax Compliance Act），連帶讓私人銀行也跟著遭殃！

《國外帳戶稅收遵從法》（FATCA）就是專門針對美國公民的海外資產課稅（包括收入、存款、股票、股權等等），當然也包括居住在台灣、擁有美國公民身分的人。不過因為其課稅的門檻較高，受到影響的都是屬於中高收入者，所以也被戲稱為專找有錢人開刀的「肥咖條款」。

美國政府為了追查這些有錢人的實際所得，確切地掌握他們的資金流向，便要求全世界的銀行業者（尤其是私人銀行業者）向美國相關單位申報其美國公民客戶所有的海外帳戶資料，以便進行課稅。

這還得了！瑞士銀行業者最大的價值就是能替客戶遵守秘密，以確保其資產的安全與傳承，公布這些資料，等於賠上了自身數十年來的信譽，也會失去客戶對自己的信任，此舉更是導致私人銀行業者營運成本增加，被控告協助洗錢的風險提高。

不過美國終究是全世界私人銀行業務最大的市場，在美國境內的私人銀行活動還是得受美國政府管轄，迫於美國政府的要求，瑞士的私人銀行業者也必須與美國政府妥協。

最著名的案例，就是美國政府與瑞士聯邦政府近期簽署一份反避稅的和解協議。這份協議要求，瑞士銀行業者必須支付鉅額的罰款給美國政府，藉此達成和解，美國政府便不再追訴瑞士銀行業者的法律責任，但是瑞士銀行業者必須提供涉及美國納稅人的所有帳戶細節，包括完整的跨境交易記錄、秘密帳戶的資金來源及目的地；且今後，瑞士銀行業者不得為美國公民開設超出美國稅務局管轄範圍的祕密帳戶。結果，世界上最保密的瑞士銀行業者，竟然把客戶給出賣了！

幸好這份協議只針對美國公民，台灣人如果沒有美國公民身分者，還不必太擔心。但是私人銀行業，尤其是瑞士的私人銀行業，引以為傲的客戶保密及資金移轉保密，就這樣被要求完全揭露，私人銀行再也不是個能保守秘密的機構！

中國私人銀行兼代辦移民業務

中國這幾年經濟發展迅速，有錢人越來越多，不過他們的理財方式，大多還停留在財富管理的階段，私人銀行的業務才剛起步，很多人看好中國可能是未來私人銀行業務最大的市場。我這一、兩年在中國教授私人銀行的相關課程，感覺上中國的這塊業務正準備要蓬勃發展，未來可說是潛力無限。

中國的銀行發展政策，大多是「先衝，再修正」，私人銀行部門也不例外。他們亟欲挑戰外資在中國的私人銀行，企圖非常明顯。我相信過幾年後，中國化的私人銀行業務，也會在中國境內如雨後春筍，成為一級戰場。

在中國，由於外匯管制，錢無法自由進出，只能透過ＱＤⅡ的方式出去；

所謂QDII就是，中國政府對於投資境外金融商品的額度有所限制，不像台灣或香港，客戶想要買多少境外金融商品都行。大家見狀就乾脆去香港、新加坡開戶，再向私人銀行借錢，只要在國內質押資產給私人銀行，銀行的債權無虞，私人銀行的香港分行就可以出借七、八成的現金，讓中國富豪有機會投資香港金融市場中的金融商品。

於是，很多中國境內的有錢人，就藉著這種方式，得以投資境外的金融商品。不過畢竟中國人最喜歡的投資標的，還是房地產和股票，尤其喜歡炒作香港的金融市場。香港的房地產價格這幾年一直飆高，和中國富豪的瘋狂投資有很大關係。香港最著名的山頂道豪宅，現在大部分的屋主都是中國富豪，靠近市中心的房子，也到處是中國富豪的地盤，一般香港人只能望屋興嘆。

中國富豪不只搶著要買香港的房子，連醫院床位和小學入學名額都想搶。有些中國富豪為了讓第二代能取得香港的居留身分，一窩蜂跑去香港生小孩，香港醫院的產房有限，但是這幾年最主要的產婦，竟然全都來自中國的有錢人，一般香港人想要生個小孩，都不見得排得到病床。當這些中國有錢人小孩長大要上小學時，中國富豪又開始和香港人搶占小學名額，如果是名校，那更是搶破了頭。私人銀行這幾年在香港，為了迎合中國富豪們的需要，又增加一項服務，就是幫忙安排這些富豪子女進入知名的小學服務。這種情況看在香港人的眼中，真不知道作何感想！

不只香港，新加坡也是中國富豪移民的首選，近年來就有李連杰、章子怡等明星移民去新加坡。新加坡這幾年開放移民，對中國私人銀行客戶的移民條件，就是在新加坡做金融投資，買五百萬新幣的金融商品達五年，就可以直接取得新加坡的永久居留權。這樣的移民政策真是大開方便之門，也讓中國私人銀行客戶趨之若鶩。

不過，二〇一二年四月發生一件震驚全新加坡的嚴重車禍事件，也讓新加坡政府開始調整對中國人的移民政策。這事件導因，是一輛法拉利跑車在深夜撞上一輛計程車，計程車上含司機在內，四人皆當場死亡。而法拉利駕駛是個中國新移民，不但超速、酒駕，又違規闖紅燈，因而造成了這一起重大的車禍。

事發之後，新加坡的輿論大肆抨擊，質疑這些中國的富豪來到新加坡，除了炫富、與新加坡人搶房子，也帶來了不少社會的問題。新加坡政府最後在輿論與民意的壓力下，開始調整移民政策。如今中國人移民到新加坡，已經變得不是那麼容易了。當移民新加坡變得困難，香港就又變成移民熱門地點了！

香港的股票市場也受到中國資金的移民潮，在港股直通車政策在中國實施後，港股的成交量明顯大幅上升，台灣的股市主力和金主也當然不會放棄這個大好的機會，棄台股轉戰港股的勢態越來越明顯，也導致台股成交量明顯萎縮。

私人銀行當媒介，洗錢兩三下就搞定了

剛才提到，中國是個外匯管制國家，中國有些富豪手中有很多見不得光的錢，不能光明正大地把錢轉到海外的私人銀行帳戶，就要使點手腳。除了前面提到的ＱＤⅡ和國內質押，還有一種方式叫做「對沖交易」。

概念很簡單，就是找到兩造需要不同幣別的人來私下交易。例如，我有人

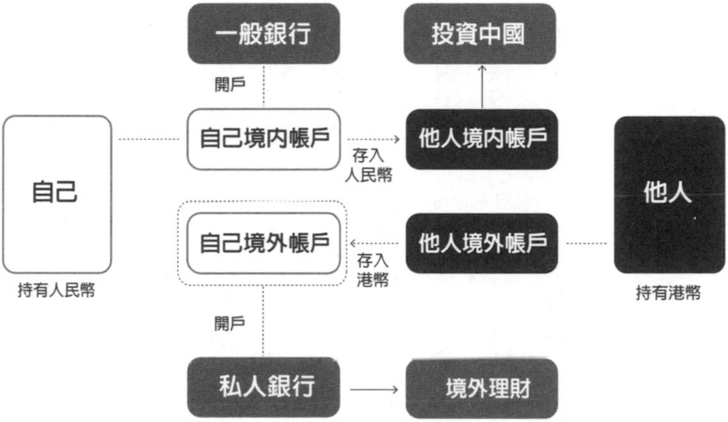

圖 5-2　對沖交易圖解

民幣但我需要港幣，但是你有港幣卻想要換成人民幣。那我們就來做個交易！我把人民幣存入你中國的人民幣戶頭裡，你再把等值的港幣存入我香港的戶頭裡，這樣我們就完成了交易。我在中國「境內」的人民幣，馬上變成中國「境外」香港地區的港幣，而你在香港地區的港幣，馬上變成中國境內的人民幣，我們雙方都已經完成貨幣和貨幣地區的交換，而且完全不用申報，也沒有人會知道（參見圖5—2）。

做對沖交易，需要交易雙方同時在香港和中國都有戶頭，並且找到願意用這種方式交易的人。如果把香港換成美國，錢就可以移轉到美國的帳戶；如果把香港換成英國，則錢就可以移轉到英國，完全是隨心所欲地操作。

這也是私人銀行業者不可告人的服務項目之一。有些私人銀行家幫客戶開香港、美國、英國、澳洲、新加坡的帳戶，再找個願意做這種交易的人，客戶的錢馬上就可以在全世界轉來轉去。不過這也連帶影響最近國際的藝術品收藏價格飆高，就是被這些轉出去的熱錢給炒作起來的。有錢人喜愛投資的標的，跟我們真是有很大的不同！

或許大家會想，私人銀行做那麼多偷偷摸摸的事情，政府怎麼都不管？我只能說道高一尺、魔高一丈！很多政治人物自己本身就是私人銀行的客戶，與私人銀行的關係，有時就像是個利益共同體，如何乾淨地切割？再加上這些事多發生在境外，「境外的事」就算真想管，也管不到啊！

第六章

金融市場幕後的操盤手
——投資銀行

一般說起投資銀行，很多人馬上想到美國華爾街。的確，美國華爾街在過去是投資銀行的集散地，雖然現在美國很多投資銀行已經不在紐約的華爾街上，但是很多人去美國紐約玩，還是會和華爾街那隻大金牛合影留念，畢竟華爾街就是全球金融的代名詞。

知名的投資銀行如：摩根士丹利（Morgan Stanley）、高盛（Goldman Sachs）、摩根大通（JP Morgan Chase）等，它們給人的印象就是既有錢又貪心，彷彿是全世界金融的霸主，他們一有任何動作，全球經濟都要發抖。其實，投資銀行並不能呼風喚雨，操作金融交易也沒那麼厲害，但因為一般人都不太了解，才對投資銀行有著許多與事實有出入的想像。接著，就讓我來揭開投資銀行的祕辛！

投資銀行是大企業的媒人，亂點鴛鴦譜也能賺飽荷包

事實上，投資銀行沒做什麼「投資」，營運項目也不像「銀行」，叫做投資銀行其實名不符實。那投資銀行的業務究竟是什麼呢？主要分兩大塊，一是金融商品的大盤商，二是金融市場的仲介，居中媒合要併購的大企業。

投資銀行的主業之一就是包裝金融商品，再轉賣給一般商業銀行，例如設計衍生性金融商品。他們通常是買下一些債權或股票、期貨、外匯，再將之包裝，出售給一般商業銀行，再賣到一般民眾的手中；或是賣給私人銀行，由私人銀行家推銷給大客戶。萬一哪天這些金融商品出了問題，投資銀行就成為眾

矢之的。不過，畢竟這些投資銀行不是最直接面對客戶的那一端，大家罵歸罵，還是會把氣出在銀行理專或私人銀行家的頭上，投資銀行永遠低調地躲在金融市場的幕後。

投資銀行的另一塊業務就是扮演併購的媒介，在金融體系中扮演「仲介」的角色；就像我們去買房子可能會透過房屋仲介一樣。投資銀行在仲介什麼呢？就是金融交易及企業併購。例如：郭台銘的鴻海精密工業公司為了要擴大代工產能，決定增建新廠房，並向市場借錢以做為擴建廠房的經費。這時，鴻海會請一家投資銀行協助發行鴻海的公司債，並且也透過投資銀行，在金融市場上找尋有意購買鴻海公司債的買家（這些買家通常都是法人機構或是非常有錢的個人），一旦成交就會向買賣雙方收取仲介費，並向鴻海收取財務顧問費。

又例如：中國A企業想要併購美國B電信公司，這時，投資銀行可以提供A企業財務顧問與諮詢服務，並幫A企業與B電信公司牽線、接洽，以促成此併購案。在併購過程中，投資銀行會提供A企業併購所需的融資貸款，並收取利息費用；併購案完成後，還可以收取財務顧問費及仲介費。

你看，光是撮合一樁併購案，就有這麼多名目可以有賺頭，所以併購案當然是投資銀行相當重要的一項業務，也是這幾年來投資銀行業務衝刺的重點。一家投資銀行如果一年可以有一、兩個大案子，像是企業併購、企業發行的可轉換公司債、或是國營事業民營化，那幾乎是整年都可以翹二郎腿等收錢了。

不過併購案可沒那麼好做，有時過程就如相親一樣，客戶總是喜歡多比較、多考慮，投資銀行常常是靠關係、靠實力來搶生意。而且併購也得你情我願才行，雙方都要有好處才談得下去，不然就變成惡意併購了，搞到最後一定是一身腥，投資銀行什麼錢也賺不到。

因此，如何說服雙方能夠繼續溝通，就是投資銀行工作的眉角。倘若合併的雙方代表原本彼此就認識，那麼這個併購案就會進行得很快，也很有機會談成。所以，投資銀行最喜歡用有關係又有背景的人，就像私人銀行一樣，台灣的投資銀行員工也有很多富二代。像是聯發科董事長蔡明介的女兒，或是海基會前董事長辜振甫的孫子，都任職於投資銀行業。

那如果彼此互不相識，要怎麼幫助雙方獲得彼此的信任呢？除了投資銀行本身的招牌，通常還會派出資深的業務主管去洽談，因為唯有他們有那個能耐，能讓合併的雙方滿意、達成共識，回來再交由旗下的團隊去執行。或許有些人聽過「併購金童」的稱號，其實就是指投資銀行中，促成雙方進行併購案的金牌業務員，但是能享譽這樣的封號，在這個行業都是有一定年紀的資深主管，絕對不是螢光幕上那樣年輕又事業有成的小伙子。

目前台灣的投資銀行競爭激烈，可以做的案子越來越少。有些企業規模太小，投資銀行不願意做；也有些企業已經外移到大陸，根本不再需要台灣的投資銀行幫忙；更有不少行業現在已經變成了「慘業」，投資銀行沒錢可以賺。於是，部分國際級的投資銀行乾脆收掉台灣的業務團隊，等到有需要時才派人從香港飛過來，多少也反映出台灣併購金童的時代已經過去。

近年來，受到金融海嘯的影響，美國證券管理單位對投資銀行的限制也越來越嚴格，未來投資銀行應該很難再像過去一樣賺取暴利。事實上，全球的投資銀行業都在萎縮了。

當媒婆的只會說滿嘴好話，財務模型預估數字哄客戶開心

前面提到的併購案，投資銀行的角色就是在併購過程中，提供財務顧問及諮詢。什麼是財務顧問呢？簡單的說，就是要告訴併購的一方和被併購的另一方，如果這樁併購案成立後，雙方各自會有什麼好處。等於是畫一個大餅，告訴客戶如果你透過我們這家投資銀行進行這項併購案的話，未來會是多麼美好。

這種投資銀行的財務顧問服務，都會先製作「財務模型」讓客戶明瞭，如果參與這樁併購，未來會增加多少營收、多少市占率、會有什麼好處；有時甚至還會恐嚇客戶，這樁併購萬一破局的話，未來可能會喪失競爭力，被其他對手打趴在地上。

「財務模型」是投資銀行最喜歡用來向客戶做簡報的工具，因為一般人聽到就覺得非常高深，讓我們可以假裝自己非常專業。其實所謂的「財務模型」，就是用微軟的 Excel 軟體輸入一些數據資料，利用軟體的功能做成很多不同的表格，例如：圓餅圖、長條圖……等；說穿了，就是一般的試算表而已，卻可以

把客戶唬得一愣一愣。

透過財務模型所提出的併購後收益、市占率……等，這些訊息都只是「預估」，畢竟這樁併購案還沒實際發生。既然是「預估」，那真的是隨我們怎麼估了。當客戶想要高一點的投資收益，那我們就把數字拉高一點；當客戶比較在意併購後的市占率，我們就把市占率估得高一點。反正只要客戶看了開心，我們的生意就更容易做成。

其實，很多財務模型，都是「換湯不換藥」，反正很多投資銀行都有類似產業的併購前例，把那些舊案子找出來，數字改一改、剪剪貼貼，再加幾個看不太懂的圖表，一個併購案的財務模型就搞定了，很簡單！連國中生都會。如果到時候突然發現牛頭不對馬嘴呢？反正都是一大堆英文和圖表，客戶根本從來不曾仔細看過，只要口頭上掰一掰就過去了。

以前我在投資銀行時，企業金融部門的同事最喜歡玩這個「數字遊戲」了！玩到最後很誇張，曾經把零售業的財務模型套用在金融業上、五年前倒閉公司的模型拿來現在用。不過就算這麼離譜，他們還是接得到生意，因為很多客戶只看投資銀行的牌子，和名片上令人肅然起敬的頭銜，根本無法分辨財務模型的真偽虛實，連被我們賣掉都還不知道。雖然投資銀行的客戶大都是法人，很少是個人，不過，一群法人機構的財務長和財務主管，還是被那些投資銀行的業務員耍得團團轉。

其實這種財務模型都是幾個剛入行的菜鳥在做，再外加一名較資深的主管，協助檢視各項「假設」是否合理。通常一個三～五人的團隊，就可完成一家公司的併購財務模型。

一般的投資銀行通常都是一個團隊負責一個產業的財務顧問，但是高盛投資銀行的團隊，卻可以隨時負責不同的產業，看起來好像沒有其他投資銀行那麼專業，但其實投資銀行做財務顧問根本不需要什麼專業，能拉到業績才最重要；高盛投資銀行每年都花大筆錢做公關、搞私人關係，就是這個原因。而事實也證明，他們是這個行業中業績的佼佼者。

投資銀行只顧著收仲介費，餿主意讓企業賠更多

每當一家公司出現危機時，像是宏達電在蘋果和三星的強勢競爭下，在國際市場中節節敗退，這時候就會有數家投資銀行主動找上門來，詢問公司要不要出售，或是接受投資銀行的財務諮詢服務什麼的。

這兩項都是投資銀行最賺錢的業務，不過現在投資銀行也學習一般企業，想要降低成本，開始把這些業務外包。站在投資銀行的立場，雖然案子外包風險很大，不過卻可以把最重要的資源放在最好的收益上。以前投資銀行很注重客戶關係，現在投資銀行的經營卻常把客戶當成搖錢樹。

最常見的就是，明明一家公司已經不行了，做了財務重整和合併也無法起死回生，因為這個產業或這家公司已經開始走下坡了。不過就像失德的醫生怕沒有病人上門，每次看診都要你再回診一樣，有些投資銀行只要有客戶上門，就叫客戶投資這個、併購那個。像是宏達電明明就已經快被三星、小米機、華為打掛了，投資銀行還建議他們投資美國耳機製造商 Beats Electronics；為了對

抗蘋果的專利權之戰，再買美國的 S3 Graphics 繪圖晶片廠。結果 Beats 的加持也沒有讓HTC在市場上受到消費者的廣大青睞，到最後還是賣掉；而S3繪圖晶片廠也沒產生多大的效用，宏達電的股票還是一直跌。這些大動作只有投資銀行賺飽顧問費、仲介費，然後拍拍屁股走人。

某位曾經擔任過高盛投資銀行台灣區總經理的人士，在投資銀行賺飽荷包後，轉任宏達電的全球業務總經理。本以為找位投資銀行的專家坐鎮，可以扭轉局勢、重振宏達電雄風，可是宏達電股價還是直直落，套牢不少散戶。有時，擔任別人公司顧問與自己跳下去經營事業，完全是兩回事！

由這個例子就可以看出，投資銀行常要客戶做出愚蠢的決定，不過在向客戶簡報時，客戶可是被唬得一愣一愣的。我相信投資銀行在為客戶建議時，都曾提出不錯的財務模型、財務預估，但是到了最後，預估的效益樣樣都落空，不然客戶也不會虧得那麼慘。總之，你現在知道投資銀行有多麼不專業了吧！

投資銀行在推銷案子時，都會不斷地吹噓自己在某方面有多專業，是該領域的第一名。事實上，哪有什麼第一名？就像第三章的基金公司一樣，不過是透過分班制度塑造出來的第一名。在某個條件之下，這家投資銀行是第一名，但這種條件的分類下，市場上總共也不過就兩、三個競爭者；換個條件來分類，這家投資銀行可能就變成最後一名。不過，有哪家企業真的會去搞清楚排名的由來呢？光是聽到第一名，加上投資銀行的招牌及業務員的頭銜，再看到「專業」的財務模型，很快就臣服在投資銀行的專業形象之下了。

頭銜不過是拉業務的工具

投資銀行的員工頭銜與私人銀行一樣，每位員工的職銜拿出來都要嚇死人，各個幾乎都是「董事總經理」、「執行董事」、「董事」及「副總裁」。其實這麼高的職銜，都是為了讓客戶買單。像是投資銀行的「副總裁」，只不過是才入行兩、三年的菜鳥，有時行裡開會，他們還得幫忙影印、倒茶水，根本不是一般人想像的！

投資銀行的工作是很忙碌的，尤其是剛入行的副總裁，每天都要忙到凌晨一、兩點才能回家。為什麼呢？因為投資銀行的案子，大都是董事總經理、執行董事、董事等資深的員工在經營客戶關係，等他們和客戶談好，把案子拿回來交給底下的副總裁去執行。有時案子一多時，副總裁就會忙到很晚。以前我在投資銀行時，就常有人開玩笑說，女生最好是嫁給投資銀行的副總裁，因為他們總是「年輕」、「多金」且「早死」。

當投資銀行家就是要有一張能接到大案子的業務嘴，最適合的人選當然是最會包裝自己的MBA畢業生。不過，這幾年MBA畢業生滿街跑，投資銀行找來的MBA人才常常是「Money, But Ability」（會花大錢，但不能勝任），所以現在投資銀行就如前面提到的，改找有關係、有背景的人，才能拉到業務。

證券分析師的主要工作不過是抄報告、喝花酒

投資銀行也有自營部門投資股票市場，不過占的比例很小。真正在世界金融市場做投資的，還是那些在投資銀行開戶的客戶，只不過投資銀行的客戶大多是國際級的法人機構、資產管理公司、基金公司、私人家族辦公室、政府主權基金等等的大咖客戶。投資銀行為了要賺取鉅額的手續費收入，都會提供投資分析報告給客戶參考，藉以拉攏客戶來自家投資銀行下單買賣股票。在投資銀行裡專門撰寫這些研究報告給客戶看的員工，就是我們常聽到的「證券分析師」。

這些證券分析師看似風光，不過在全球的投資銀行體系中卻只是一個小角色。分析師的工作，就是拜訪上市公司了解情況，然後撰寫研究分析報告，供投資銀行證券部門的國外客戶參考，以作為投資台灣股票的依據，畢竟這些客戶都在海外，對台股情勢不太了解。

以前我在美國華爾街當菜鳥分析師的期間，可真是分析師這一行的黃金歲

月！那時候出去拜訪公司，公司財務長就帶我們這群分析師去酒吧喝酒聊天，店內有冰島籍和俄羅斯籍的美女陪同飲酒作樂，把酒言歡之後，公司早已把我們需要的資料準備好，我們只要再回公司「參考」他們提供的資料，抄抄寫寫馬上就完成一份分析報告，日子過得真的很愉快。

不過，這些公司逐漸察覺，怎麼每位分析師的報告都差不多，連錯字也一樣？才發現原來大家都是在酒吧裡做公司參訪，後來就禁止與拜訪公司的高層主管走太近，影響報告的公平性。

到現在為止，其實很多分析師的報告還是抄來抄去。為什麼呢？因為分析師多是事後諸葛，沒幾個人有前瞻性的眼光。當一家公司業績開始好轉，股票開始上漲時，分析師見此情況也是半信半疑，和一般民眾沒兩樣。總是等到股價漲了一波，才會真正相信自己的眼睛，開始寫個正面評價的報告。其實證券分析師如果那麼神準的話，早就辭職在家自己投資賺錢，也不用窩在投資銀行工作，有時一天要跑好幾家公司，公差結束後還要接著趕報告，下班回到家至少都凌晨一、兩點了。

分析師和企業就像舞池裡的舞伴，一邊跳舞一邊小心腳被踩

現今，分析師這一行競爭日趨激烈，很多客戶都有自己私人的管道可以探得情報，有時比分析師更了解要投資對象的最新狀況。像是台灣很多公司都是國外公司的下游廠商，向國外的上游公司問一問，就能掌握台灣公司目前的業績狀況如何，分析師不像他們擁有第一手資料，反而要向客戶詢問情報。

現在網路資訊發達，很多資料上網查詢就有，部分有制度的大公司根本就沒什麼秘密，這也使得目前台灣的外資分析師，不得不把報告撰寫越來越聳動，以吸引客戶的注意。不然一個基金經理人，每天至少有上百封分析師寄來的投資研究報告，沒什麼特別的內容，根本不會有人要看。可是報告越寫越聳動也不是辦法，客戶最想要的，還是第一手最新的資訊。

每年都會由客戶票選排名，選出最好的證券分析師，投資銀行常看排名和票數，作為明年加薪和是否繼續聘用的參考，因為排名高的分析師拉到下單的客戶就多、成交量大；有下單，投資銀行就有手續費收入，甚至有機會接到這

位客戶其他類型的案子，同一位客戶就能創造出其他的收益。因此，分析師無不卯足了勁，就是要得到客戶的力挺和關愛的眼神，好讓明年荷包能更滿一些，職位也能更上一層樓。

要得到大客戶關愛的眼神，就是要讓大客戶的投資能賺到錢，這樣才能對你這位分析師印象深刻。要能在股市中賺錢，除了懂得分析、預測公司前景和產業景氣，最重要的還是要有第一手資訊。要能獲得第一手的資訊的關鍵，就是與拜訪的公司維持良好關係。

分析師與拜訪公司的關係其實很矛盾，每當有什麼會影響股價的重大事件要發生，分析師總是希望他可以第一個知道。不過站在公司的立場，總是不希望分析師得到太多公司的利空消息，因為這樣會影響股價；但是在公司利多時，又希望分析師能轉達給他的客戶，好多多買進他們公司的股票，讓股價上漲。有些公司財務長還會拉攏分析師，希望分析師能在撰寫研究報告時，替自己公司多美言幾句。

分析師頂多只活兩年，一個動作錯就宣判三振出局

擔任分析師其實有很多禁忌。一般分析師要出具一份報告給外資券商的客戶，都要經由主管及公司法務那邊核准，有些分析師沒有堅守自己的專業與公平立場，預先透露報告內容給公司的大客戶。而公司的出貨量也是商業機密，有些分析師為了打探到第一手消息，到處問訂單量和營業額，不小心冒犯大公司。觸犯上述禁忌的分析師，最終都將慘遭被這個行業淘汰的命運！畢竟，分析師這一行常有利益糾葛，做人做事無處不需謹慎小心！。

像前陣子，台灣花旗環球證券的某天王級分析師，偷偷將即將出具的報告內容，透露給少數特定的客戶，害得花旗環球證券公司慘遭美國證券監管單位的重罰。這位天王級分析師顯然沒有經過正常必要的程序，就將消息走漏，在事情爆發後，慘遭公司炒魷魚。

不久前，金融市場中一直有外資券商的客戶，狂賣台灣手機製造廠商宏達電的股票，導致股票直直落。宏達電想不透，為什麼外資如此了解宏達電的營

運狀況，後來經過調查才發現，原來有內部的人向外資分析師透露公司的出貨量往下調整，導致外資一致看壞宏達電，趕緊預先賣股票逃命，留下一大堆散戶投資人慘遭套牢。

其實台灣的外資分析師不好做，剛入行的通常都是MBA畢業的菜鳥，只要對所負責的產業有某種程度的了解就上場了，通常只要看錯幾次市場就陣亡。一個分析師的平均壽命只有兩年，難怪有些分析師為要贏得大客戶的支持與注意，進而鋌而走險，或者是發布一些震撼市場的誇張報告。只不過投資股票真的不是件容易的事，外資客戶看了分析師的報告也是會賠錢的，在險惡的股市之中，真正能賺到錢的畢竟是少數。

現在的分析師也很聰明，就算親自拜訪企業，也不會完全相信企業財務長的說法，一定會親自詢問上下游廠商，確定拜訪公司真的是利多。其實判斷企業對業績的說法很簡單，通常利多不見得是真的，但是利空卻都是真的。

有些公司為了拉抬公司的股價，分析師拜訪時總是殷勤款待，希望分析師能替他們向客戶多推薦自己的公司，更多人買股、股價就更能漲，自己的財富也增加。很多公司其實業績和資產不怎樣，但是老闆和大股東們卻很喜歡吹噓自己的公司，常趁著不了解內情的投資人買進自家公司股票的同時，自己卻在背後偷偷把股票賣掉。如果這家公司的業績有老闆和大股東們講得那麼好，他們幹嘛偷偷賣股票？可見他們對自己公司的前景也沒有信心。

有些分析師常常誤信這些老狐狸老闆和大股東的片面說詞，出具與事實不符的研究分析報告，而慘遭批評。更慘的是，有些分析師常認為自己得到的是第一線消息，偷偷買進拜訪公司的股票而慘遭套牢。依照公司的內規，證券分析師是禁止買賣股票的，不過還是會有分析師透過自己的親朋好友偷偷地先買進股票，雖然在技術上可算為內線交易，但實務上非常不容易防範。

交易室進出量大，一虧損即成金融市場的炸彈

投資銀行本身也投資股票、債券、期貨、外匯等等金融商品，通常都在交

易室進行投資，投資損益都以百萬美元計算，其中負責交易的就是第一線交易員了。交易員大多以投資標的來區分，有人專門投資股票，也有人專門投資債券，也有人專門投資黃金。通常一個交易員只負責看一種金融商品，由交易主管負責整個交易的風險控管和複核。

我們有時會在報章雜誌上看到，某某投資銀行投資錯誤而發生鉅額虧損，就是這個單位搞出來的。畢竟交易員也是人，投資時難免也會追高殺低，不過交易室都有嚴格的停損機制，比較不會發生重大虧損。不過，一旦交易室內控出了問題，沒有嚴格執行停損，虧損就很嚴重。

前不久，摩根大通（**JP Morgan**）投資銀行部門才因為在倫敦辦公室的交易控管不當，造成六十二億美元的鉅額虧損，市場上戲稱為「倫敦鯨」事件。這個案件主要因為交易員操作衍生性金融商品投資錯誤，內控機制又未能嚴格執行，以致於虧損越來越大，最後導致一發不可收拾的鉅額虧損。美國政府後來介入調查整起事件，最後摩根大通投資銀行與美國政府達成協議，繳交七億美金的罰款，以讓整個事件和調查落幕。

交易室代客操盤，連政府的稅金也能入袋

透過交易室裡下單的客戶，大部分還是前面所說國際上的法人客戶，如基金公司、資產管理公司、資本公司、私募基金、主權基金、家族辦公室等等大咖客戶。這些大咖客戶的下單量都很大，隨便一買都是幾百萬美元起跳。投資銀行內部的證券分析師，是他們投資資訊的來源，而投資銀行的交易員，則是他們投資交易的執行者。

不論是一般商業銀行還是投資銀行，交易室裡可以動手腳的漏洞很多。例如有些大型的基金公司今天打算買五千張台積電股票，他們通常會直接委託交易室的交易員負責下單買進，買進的時間點則由第一線交易員自行判斷。可以見縫插針的地方就在此！有些交易員會在第一時間買進，有些交易員會在尾盤時買進，也有交易員會在盤中分批買進。你一定想：不管是早買、晚買，最終還是都有幫客戶買，差別到底在哪裡呢？

當投資銀行交易員知道，這些大客戶今天要準備的下單量後，投資銀行常

常就會自己先偷偷買進一部分，再直接倒貨給客戶賺價差，利用客戶的錢替自己賺錢。雖然有時價差並不大，但是如果量大或是高價股，一年累積下來，也可以跟著客戶賺不少錢，投資風險卻是客戶自行承擔。

很多投資銀行的交易部門都靠上述這個手法賺錢，這可說是交易室裡大家都知道的祕密。不過，交易室最好賺的不是這個，而是「地下交易」。所謂「地下交易」，就是自行撮合客戶交易，並沒有真正幫客戶下單。

舉個例子，如果今天有位客戶下單給交易室，指名要買進五千張台積電的股票，這時候交易員都會先看看今天盤中有沒有其他的客戶要賣台積電股票，如果恰好有客戶要賣台積電的股票五千張，或者A客戶要賣台積電三千張，B客戶要賣台積電二千張，交易員就會直接撮合這一買一賣或一買二賣，並沒有真正替客戶下單到台灣證券交易所，這就是地下交易。地下交易賺錢的地方在於，本來應該繳給政府的證交稅，因為沒有真正下單，就直接入了投資銀行的口袋。

回到剛才的例子。要是今天剛好沒那麼多客戶要賣台積電，交易員就會在快要收盤時，替客戶真正下單到證券交易所。所以，有時你看到一檔股票突然股價大幅拉高收盤，很可能是這檔股票今天地下交易撮合不成功，只好在尾盤時幫客戶下大單買進，讓客戶買到今天股價的最高點。

地下交易最常發生在外匯交易，因為價差大，又有交易時差的問題，所以上下其手的空間非常大。投資銀行就是利用這種手法偷偷賺客戶的錢，難怪投資銀行一直要花大錢找天王分析師來寫分析報告給客戶，因為天王分析師可以帶大客戶進來，大客戶一多，能賺地下交易的機會和金額也多，對投資銀行來說，怎麼算都划算！

連高端客戶都成投資銀行的囊中物

有些黑心的投資銀行，可能知道某些公司的第一手內幕消息，還透過分析師放假消息給客戶，然後在背後和客戶對賭，趁機賺取暴利。最常見的就是，明明早已知道某家上市公司開始轉盈為虧，還發布利多的研究報告給客戶，自己卻在背後偷偷放空該公司的股票。等到該公司財務預測一公布，紙包不住火，股價一陣狂跌後，投資銀行早就賺走一波空單，拍拍屁股走人了。

這幾年由於監管單位的要求，投資銀行的研究部門和交易室分開運作、各自獨立，比較少發生這種玩客戶的情況。不過，股市交易的利益龐大，投資銀行怎麼可能甘願看著賺錢的機會從眼前飛走呢？只是當外在環境風聲鶴唳時，就更低調、更小心而已。連大咖客戶的錢都會被投資銀行玩掉，更何況是小市民散戶！想單憑研究K線圖或財務報表來致富，真的是少數中的少數。

第七章

聘請顧問，大企業就得救了嗎？

你一定曾經聽過「企管顧問公司」，顧問業在今日無所不在，只要為企業提供解決方案的公司，都可以自稱是企管顧問公司。不過，我這裡指的是國際上專門為大型企業提供經營方向、資源配置、企業轉型等解決方案，以及顧問諮詢服務的大型企業管理顧問公司，如麥肯錫、波士頓企管顧問公司等。

這些國際知名的企管顧問公司都名聲顯赫、歷史悠久，也是很多企業在面臨問題或轉型時想要諮詢的對象。到底這些企管顧問公司有什麼特殊的祕訣，可以讓大企業花了大錢聘請他們之後，就有如有高人相助而「提升競爭力」呢？還是，企管顧問公司只是另類的行銷手法，美其名為「顧問」，事實上卻是「雇了還是一大堆疑問」呢？現在就讓我來揭開企管顧問公司的真面目！

大企業寧可花大錢聘菜鳥顧問，不願高薪雇用專業人才

專門為企業量身打造解決方案的企管顧問公司，其實收費都不便宜，一次要價就是百萬美金起跳。有些企業已經有經營上的危機，只是想聽聽他們的建議，看能否讓營運起死回生，但常常被他們海削一筆。

企管顧問公司的經營就是「賣人才」。他們通常向客戶收取數百萬美金的顧問服務費之後，派了幾位年薪只有十幾萬到二十幾萬元美金的顧問，到客戶的公司提供諮詢，中間的價差他們就賺走了。而且，不管顧問提出的方案最後是否行得通，公司都還是要支付鉅額的顧問費，可說是穩賺不賠的生意。有時

候算算，去外面挖角幾個專家進來公司上班，付給這些專家的薪水可能都還比付給企業管理顧問公司的顧問費還便宜。不過很多企業還是很迷信國際級企管顧問公司的招牌，寧願花大錢聘請所謂的「專家」，也不願多花錢去雇用有用的人才，無形中企管顧問業就成了暴利的行業。

這些麥肯錫、波士頓的顧問，真有那麼神嗎？說實在的，很多顧問只是MBA畢業的菜鳥，或者只有兩、三年的業界經驗。他們入行之後，在麥肯錫、波士頓受訓兩、三個月甚至更短的培訓之後，就開始幫企業做顧問了。很多麥肯錫、波士頓的菜鳥顧問根本就沒有在客戶所屬的產業中任職過，就開始當起顧問、做起諮詢工作，他們究竟能提供什麼水準的建議，你就可想而知了。

企管顧問進入客戶公司擔任顧問，最常接觸的對象就是公司的CEO或高層，這些人通常就是公司的決策者。一位優秀的企管顧問要提供良方對策，供決策者參考，以作為企業改革或是提升企業競爭力的需要。有時企管顧問的角色就像一家公司的CEO，不過經營企業的辛苦哪是一個外人可以了解的？很多企業管理顧問只是因為公司大、資源多，有較多同業做過顧問的例子可以供參考，就能提出很多提升企業競爭力的解決方案，但這一家公司的成功方案並不一定適用於下一家公司。而這些企管顧問只憑著一張能言善道的嘴，就讓企業老闆放心把企業未來經營的方向交給他們，有時實在替這些老闆捏把冷汗！

舉個例子。微軟（Microsoft）公司自己承認看錯智慧型手機發展的趨勢，沒有特別發展這一方面的業務，以致於在行動裝置方面的市場被蘋果公司（Apple）、谷歌（Google）大幅超越。但事已至此，即使找麥肯錫、波士頓企管顧問公司的專家來也沒有用，就像即使是孔明，也救不了蜀國走向衰亡，更何況是要來賺你錢的專家呢？甚至，如果當初就是找了企管顧問才看錯方向，那更是慘，成了花大錢的冤大頭，就更得不償失了。

美國是全球企業管理顧問行業最發達的國家，因為美國有很多企業的市場遍及全球，特別是娛樂事業、金融行業和電子產品業，這些企業擔心的是自己是否能永遠保持領先？如何防範其他競爭對手？因此，企管顧問業在美國的市場大都圍繞在上述這兩個議題，結果就常發生一種尷尬的情況：同一家企管顧問公司同時為兩家競爭對手服務。這種情況往往是效率打折、彼此發展模式相互拷貝、客戶機密外流、人才相互挖角。最後，企業競爭力不但沒有提升，還發展到錯誤的方向。這種例子屢見不鮮，看很多大企業的沒落就可以知道。

成功一次就不斷複製，同業失敗案例還能用來說服客戶

企管顧問通常是由一位較資深的顧問帶著幾個年輕的菜鳥顧問，替一家公司做經營顧問及諮詢服務。這個團隊可能大部分的顧問根本就不曾在客戶所屬的相關行業中任職過，不過因為企管顧問總公司資源多，可以提供全球其他同業的成功案例作為參考，團隊在拜訪客戶之前都會先做足功課，與客戶討論時便能顯出自己的專業。

然而，其他同業成功的例子並不見得適用目前要服務的公司，所以顧問的提議常常是牛頭不對馬嘴。為了讓客戶相信自己的判斷是正確的，企管顧問會很有技巧地說明同業的問題在哪裡、解釋自己能提供怎樣不同的方法來解決。

不過，顧問口中的這家同業，有時根本也是這家企業管理顧問公司的客戶，所以才這麼了解同業的經營情況。

仔細想想，這些顧問竟然當著客戶的面批評起其他的客戶，還大言不慚的述說他們的問題，真是令人不敢相信！而且，顧問口中的客戶不是也使用過顧問曾提供的解決問題方案嗎？如果同業之前聽顧問的建議都沒效，那新客戶怎麼還能相信顧問呢？但是，大部分的客戶都不會察覺這一點，更喜歡聽同業的失敗案例，好像同業失敗，自己的競爭力和優勢就會提升。

大部分的企管顧問只是把公司教給他們的那一套，或是內部開會時較資深顧問提出的看法，拿出來說給客戶聽，很多客戶其實都只是試驗的白老鼠。假如運氣好成功了，那麼將來服務同類型的公司，都可以套用同一個成功的模式，唯一要做的只是複製和改變說法而已。

麥肯錫在台灣金融業就是一個例子。各家金融業都找麥肯錫企管顧問公司擔任顧問，結果台灣每一家金融業的組織架構、經營策略幾乎都一模一樣，完全就是成功模式的拷貝，但是台灣每家金融內部文化差異相當大，最後就看哪家銀行能在顧問的建議下提升競爭力了。

中國的金融業也是類似的情形。近兩、三年來，中國很多家銀行都聘請波士頓管理顧問公司來做經營顧問。這些經營顧問都是些年輕小伙子，根本就沒在銀行業做過幾年，有些甚至才剛從MBA畢業不久。結果，中國很多銀行都按照這些顧問的建議，把美國那套經營模式完全拷貝來用，但是外國的企業文化、思考模式、經營方向，畢竟和中國有很大的差異，到了中國才發現法令不合、處理模式不同、產品不一樣、權責單位也不同，又受到外匯的管制，最後就是水土不服，情況比沒請波士頓管理顧問公司之前還要糟糕，真是花錢當冤大頭。

這些中國的銀行後來改找花旗銀行、香港匯豐銀行的人來做顧問，才逐漸上軌道。銀行業在任何國家中都是特許行業，唯有擁有銀行經驗與背景的人，才懂得做事的眉角。銀行業說坦白點就是玩弄客戶的錢、賺取客戶的手續費，外部企管顧問公司年輕小伙子們不會知道其中的祕辛。

外面的企管顧問公司常會複製其他國家的成功模式，但是每個國家的法令、風俗民情、經營環境和限制等都大不相同，到最後就是空有理論，實際上卻無法真正替客戶提升競爭力，甚至還留下一大堆爛攤子給客戶收拾。

企管顧問公司的優勢在哪裡？

大家或許會有疑問，有些大企業內部明明不缺人才，為什麼還要找企管顧問公司的顧問來諮詢呢？這其實和很多企業的企業文化有關。

全世界的企業都有拍馬屁的文化，很多老闆的身邊淨是愛拍馬屁的庸才，要不就是長期征戰的戰友，開會常常淪為一言堂，花了時間也提不出什麼更好的方案。況且，大家在同一家公司都那麼熟了，會議上雖然爭鋒相對，但私底下交情卻不錯，實在不好打開天窗說亮話。

若請來企管顧問公司的顧問參加會議，情況可就不同了。他們常常能提出不同的看法，還會用一些看似十分專業的簡報來呈現，告訴一家公司該要如何做。雖然這些簡報只是同業的案例抄來抄去，卻常可以唬住客戶公司的老闆和大股東們，因為公司內部並沒有這些資料。

很多公司有專門製造產品的製造部門、專門拉生意的業務部門、專門管財務的財務部門，但是九十%以上的公司都沒有專門研究市場和競爭對手的研究發展部門，這就是企管顧問公司的優勢，也是他們可以唬住客戶的關鍵。

的確，只有少數的公司擁有市場研究部門、策略發展部門，因為這一類的部門需要至少碩士級以上的高階人才，而這些人的薪水並不便宜；有些企業也認為他們不需要這樣的部門，反正只要聘請企業管理顧問，他們自然就可以獲得這樣的資訊，企管顧問公司還因此可以賣研究報告給企業，獲得額外的收入。但是，這些報告真的是企管顧問公司研究後寫出來的嗎？其實九成都不是。

很多企業管理顧問公司的產業研究報告也是從外面買來，改成客戶希望看到的樣子。企業管理顧問有時就如投資銀行的財務顧問團隊，也會用漂亮的報告和數據，告訴客戶企業找他們做顧問後，能獲得怎麼樣的好處，報告都寫得非常生動與專業，就是要客戶趕快付錢聘請他們。但是事實上，很多報告中的內容和數據都只是預估，往往和實際的情況有很大的落差。在顧問這一行，有時賣的是顧問的口才和簡報能力，這也是企業管理顧問公司訓練員工最主要的重點。

幹顧問要日夜兼程傷身體，熬得過就平步青雲

想要當企管顧問，要具備什麼樣的條件呢？看看麥肯錫和波士頓管理顧問公司找哪些人來當顧問就可以知道。如剛剛所提，要當企業管理顧問，首先要有不錯的學歷，至少是碩士以上，不然企業老闆根本不想聽你的專業。

第二個就是要會包裝自己，不懂也要裝懂，不專業更要裝專業，不然，誰會請一位什麼都不懂的外行人來當顧問呢？所以，包裝自己、裝專業很重要，這樣客戶也會對你比較有信心。

最後，當然是要有張「能把死的能講成活的」的好口才，這就是為什麼很多大型的企業管理顧問公司很喜歡用MBA畢業生，因為MBA畢業的人通常

很會包裝自己，又有一個好口才，更懂得人際關係的經營。在企管顧問這一行，人際關係是很重要的，要讓客戶喜歡你才能拉的到生意。有時甚至會看長相，因為很多客戶都喜歡長得「能替他賺錢」的顧問，一副充滿福氣的樣子，而不是看起來像個嚴肅的老師。

當企管顧問聽起來體面，不過流動量卻非常地高，即使是麥肯錫、波士頓這些大型的企管顧問公司，人才也是來來往往，為什麼呢？其實很多企管顧問只是把企管顧問公司當做未來工作的跳板，顧問心中真正的期望是，當他替某家公司擔任顧問諮詢後，那家公司能直接雇用延攬他。因為，其實當企管顧問還蠻累的，每天除了與其他顧問討論案子之外，有時飛行也成為生活中的一部分，常常是早上在這家公司做顧問後，下午又飛到其他的地方。長時間的飛行，讓很多從事企業管理顧問業的人在剛開始覺得很新鮮，到最後身體卻應付不過來。

擔任企管顧問很有機會直接認識企業老闆或高層，很多人擔任企業管理顧問一段時間之後，會和客戶公司的老闆、高層培養出良好的合作默契，大家彼此如果都有相同的理念，未來進入客戶公司服務的可能性就會大增。怪不得企管顧問公司這幾年來一直是MBA畢業生的首選工作行業，因為這一行可以讓人少奮鬥好幾年呢！

隔行如隔山，顧問根本沒那麼神

企業管理顧問這一行業，像是麥肯錫、波士頓等這類型的大公司，生意可都是包山包海，只要客戶願意花錢，什麼行業都可以提供諮詢。

這些企管顧問公司不像銀行有專門研究的領域，像是投資銀行專注於公司發展融資和策略規劃，私人銀行專注於客戶私人的資產管理，企管顧問公司可是樣樣通包，從賺大錢的企業到收受捐款的公益事業都可以提供顧問，什麼行業都能提供組織及競爭力提升的對策。

由於這些大型的企管顧問公司服務的產業橫跨三百六十五行，所以在尋找人才時，就喜歡找有各式各樣背景的員工。前面曾提到，企管顧問公司最主要的獲利就是賣人才，就是找到相關背景的人，再輔以員工訓練，並參照同業成功案例，就可以當起企業顧問，提出企業的問題解決方案，引領公司的決策和未來的方向。

但是，事情往往不會如此簡單，產業知識也是隔行如隔山，而企管顧問提供的建議影響往往是一家企業未來的走向，一旦他們判斷失靈，影響所及幾乎是一家企業的成敗。

曾為美國第二大型連鎖書店的 Borders 就是一個知名的例子。那時網路書城如 Amazon 崛起時，Borders 認為這不是威脅，連大型的企管顧問公司的顧問都告訴他們，透過網路買電子書的方式不是大家習慣的閱讀方式，而且網路買電子書還有信用卡盜刷、無法即時閱讀等問題待解決，告訴他們不需要在意。

然而，就在 Borders 不理會電子書發展的同時，Amazon 卻已經開始布局，不只建構網路書城，還發展電子商務。最後，Borders 錯失即時轉型的機會，只得宣布破產，而 Amazon 卻坐上美國電子商務及網路書店的龍頭寶座。

Borders花大錢請大型企管顧問公司提供經營策略服務多年，最後卻淪為數位閱讀風潮之下的受害者。有時，請錯人來當顧問，企業的衰亡真的比想像中還要快！有些企業自己公司內部的人才不用，卻相信一位空降沒經驗的外人，真的是令人難以理解！

市場上有不少失敗的公司，也都曾經找企管顧問公司諮詢過，但是最後還是失敗，為什麼呢？除了前面所提的，經營方向的錯誤和大環境的快速改變之外，很多企業內部文化根深蒂固，絕非幾個企業管理顧問就能改變，這一點也深深影響企管顧問提供諮詢的成敗。

芬蘭的諾基亞電話公司（NOKIA）曾經是行動電話的領頭羊，當智慧型手機快速崛起時，公司聘請的麥肯錫顧問曾經建議他們快速切入這個市場，以獲取先機。不過諾基亞公司的內部一直存在著一些問題，例如：決策速度緩慢、改革保守、大企業中普遍存在的自我感覺良好，加上員工們有很強大的工會組織保護，以致於諾基亞公司高層最終都未能採行麥肯錫當時的建議，進行大刀闊斧的組織調整、資源整合及改革，快速切入智慧型手機市場。結果，不到幾年的光景，其競爭對手三星、蘋果、Google 加速發展智慧型手機，諾基亞手機的市占率節節敗退，錯失手機業龍頭寶座地位，淪為二線手機製造商。

卡在營運獲利與自身專業的兩難，如何走出新路是當前課題

其實有部分大型企管顧問公司的角色，早已不是單純的提供諮詢與顧問服務了。這類企管顧問公司的營運越來越「商業化」、「投資銀行化」，他們的角色已觸及到商業交易、企業金融與政府顧問等等。企管顧問公司不但提供併購、市場募資、財務、經營管理、政策等方面的服務，有時更身為許多客戶企業董事會的成員，這使得企管顧問公司與客戶之間的關係更為錯綜複雜，也導致外界對他們是否能嚴守其顧問的本業有很大的疑慮。

最著名的案例，就是麥肯錫管理顧問公司曾經涉及美國安隆案。安隆公司（Enron）是一家美國大型的能源公司，靠著作假帳、假財報，取得投資大眾

的信任，使得股價日趨攀升，實則公司資本已逐漸掏空，最後東窗事發，於二〇〇一年宣告破產。安隆曾經高價聘僱麥肯錫企管顧問公司，因此很多人都質疑麥肯錫的相關人士是否刻意隱瞞安隆作假帳、操控提高加州能源價格的手法。

二〇一〇年，麥肯錫的顧問庫馬（Anil Kumar）才坦承自己曾把安隆的內線消息，透露給帆船避險基金的基金經理人拉賈・拉特南（Raj Rajaratnam），而遭到美國政府起訴。二〇一二年，麥肯錫管理合夥人古普達（Rajat Gupta）也因為涉及內線交易而遭到美國政府定罪，這一連串的事件只是說明了一件事，即使是專業的企業管理顧問，在有驚人的報酬可以賺時，還是會禁不起誘惑的。

這樁事件重挫企業管理顧問公司的形象。企管顧問的角色是要讓客戶在經營企業上獲取更多的收益，但如果與客戶共謀偽造不實的財務資料，或是操弄內線交易的金錢遊戲，再私下獲取更高額的業外利潤，這時就已經偏離一家專業企管顧問公司應該扮演的「顧問」角色。畢竟，投資銀行的骯髒遊戲，企管顧問公司是不應該介入的。

不過，企管顧問公司與客戶的關係就如利益共同體，客戶要賺錢才付得起高額的企管顧問費，企管顧問公司收得到費用，才養得起那麼多位顧問。但是，假設客戶不賺錢，甚至發生影響客戶公司的重大缺失，要是企管顧問公司揭露實情，那麼客戶可能就會解約，換別家企管顧問公司來服務了。企管顧問公司與客戶之間關係始終有著利益糾葛的尷尬，這或許就是金融或諮商服務業的本質吧！

企管顧問公司現今的角色已經發展到多元的階段，有時像行銷顧問公司、有時像會計師、律師事務所，有時也像投資銀行，角色多元的好處是企管顧問公司能針對客戶的需求提出更多元的解決方案，協助客戶執行；但是缺點就是與客戶之間牽扯的利益也多，因為號稱全方位的服務，私底下卻是什麼樣的錢都要賺，彷彿變成市場上貪婪的A錢饕客。

如何讓企管顧問公司在兼顧自身營運獲利的同時，也能維持專業、獨立顧問的角色，我想是很多企管顧問公司在賺取高額報酬之虞，亟待思考的議題。唯有專業、獨立的顧問，才能避免與客戶陷入利益牽扯，也才能為企業提出最好的建議，與客戶一起創造雙贏的局面，發揮企管顧問公司初始存在的本質。

第八章

搶購未上市股票前，務必停看聽

很多人都有被推銷未上市股票的經驗。一般在推銷你去買未上市股票時，都有一套標準說詞，像是：「這家公司潛力無限啊」、「以後上市之後會賺ＸＸ倍」、「這是某某人特別拿出來賣的，一般人可是買不到」等等。怪哉！別人買不到，你怎麼可能買得到呢？且讓我娓娓道來未上市股票的騙局。

未上市股票不過是合法的詐騙集團

推銷未上市股票的人所說的這些公司，不但連聽都沒聽過，而且公司業務不是在中國大陸偏遠地區投資交通建設，就是在俄羅斯投資石油、在南非開礦；如果在台灣，一定是某某電子公司或某某生技公司，因為這兩種產業最容易畫大餅。

未上市股票可說是合法的詐騙集團。假設你被詐騙集團騙了，大家還知道要報警，但是投資未上市股票被騙了，股票變成一大堆壁紙，很多人就只能自認倒楣，歸咎於自己投資不慎，因為投資書一直告訴你：「投資一定有風險。」

賣未上市股票真的比做詐騙集團還好賺！現在台灣人普遍有反詐騙常識，詐騙集團的成員常常是向幾百個人說破了嘴，才有一、兩個人會上當。但是，賣未上市股票卻比做詐騙集團還容易！不用找人假扮檢察官，不用威脅恐嚇你，你就可能會乖乖從荷包掏出錢來，畢竟誰不想賺大錢呢？

在台灣，買得到的未上市股票，十家有九家最後會變成壁紙。你若是沒背景、沒關係、不住在帝寶，當然少有機會買到富豪們玩的準上市公司股票。一般人就只能買到普通的未上市股票，即使對方告訴你，他有特殊管道能讓你事先買進，也不要輕易相信。天底下少有不勞而穫的事，我在銀行業那麼多年，看過被騙的客戶還不少。

一群有心人要把一家未上市公司的股票賣出去，當然要找一家可以說故事、吹吹牛的公司。通常會找你認購未上市股票的，都是自己認識的親朋好友，不然就是投顧老師、美女業務。一般說法就是要你相信，自己就是那個洞燭先機、有長遠眼光的投資人，聽他們推薦幾次，加上旁人敲邊鼓，你可能就像著了魔般的上鉤，加倍「奉錢」出來。

接下來，就開始要印股票賺錢了。這時公司就會舉辦成果說明會，找一些自己公司的員工，假扮是該公司產品的使用者並且現身說法，像是專賣抗老保養品的生技公司，就會請人冒充使用者，強調他們用過這家公司的產品，效果有多麼地神奇。

高科技研究成果、政商名流背書……通通是假的！

當然了，這個騙局要成立，還得有一個完美的故事。透過小冊子、文宣品，宣傳這個產品是某某博士研發的，再說出一個大家都沒聽過的科技名稱，指名就是這個來自某某細胞的成分，創造出讓皮膚返老還童的奇蹟。這時公司的主要負責人或是幹部，一定會上台誇口說，這家公司已經和某某人簽約，未來會多麼地有潛力，並且計畫什麼時候上市，現在投資這家公司正是時候！

這種公司號稱簽了什麼合約，其實多半都是造假，這只是讓投資者對他們更有信心的說法。產品當然也沒有他們宣稱的神奇療效，如果有那麼神，早就得諾貝爾獎，國外化妝品商也早就收購這個技術，哪輪得到你我來投資？很多市面上的抗老產品就像灰姑娘的化妝舞會，時間一過之後，神奇的療效也隨之消失。

此外，這些公司特別喜歡找名人來加持，這些名人都是收了出席費的藝人，隨便露臉一下就有錢賺，自己在家卻從來沒用過他們口中推薦的產品，甚至代言秀跑太多，自己也搞不清楚到底推薦過什麼產品，唯一確定的是大概就是有收到代言費、露露臉又可以增加知名度！

當然，強調政商關係也是這些公司抬高自身身價的手段之一。不過這些所謂的政商關係，並不是你想像的那樣。你在未上市公司的網站、宣傳品上看到那些與名人、政府要員的合照，常常是透過贊助體育活動、公益活動（特別是有政府官員出席的活動）就可以獲得，照片中的那些名人並沒有為任何產品背書，只不過業者卻特別誇大他們與這些政治人物的關係，吸引笨魚上鉤。

保養品、健康食品，不過是換個包裝的黑心貨

這類型的生技公司，大多是掛羊頭賣狗肉，像是抗老保養品明明申請的是健康食品的執照，賣的產品卻含有化妝品成分；有些號稱是高級保健食品，其實只是從東南亞進口的劣質貨，在台灣換中文包裝就出售的便宜三流保養品，

不過業者不會告訴你這些。

我舉生技產業當例子，因為這個產業是在台灣最好賣未上市公司股票的行業，其涵蓋範圍從美容保養品、化妝品、保健食品、維他命、抗癌藥品、膠原蛋白到吃的麵包都有，有各式各樣的創業故事可以說。像是之前賣麵包賣到出事情的胖達人，母公司就是基因國際公司，也就是包裝過的生技產業。

我以前的私人銀行有個大客戶，從東南亞國家批發一大堆來路不明的保健食品，再運到澳洲的分裝中心，換個漂亮的英文包裝，馬上搖身一變，成了澳洲進口的高級保健食品，價錢差了幾十倍，還在台灣的第四台賣到缺貨。你說，生技行業是不是很好賺？台灣很多生技公司不是在賣牛樟芝，就是在賣大豆發酵食品，大多都是掛羊頭、賣狗肉，不過他們的未上市股票，可是一堆人搶著要呢！

未上市股票最吸引人的地方就是超高的報酬率，有時多達幾十倍。不過投資未上市股票真正賺到錢的人很少，大多是要騙你口袋裡的錢。我來舉幾個真實的例子。

政府著名的BOT案台灣高鐵，也有發行未上市股票。當初發行未上市股票時，很多人都看好這個由政府做後盾的交通建設。但是實際上，高鐵到現在還在努力彌補虧損，靠著延長設備折舊年限來美化財務報表，甚至還有不少即將到期的債務要償還，而它的股價目前在興櫃市場（政府設立的未上市股票交易平台）跌到只剩五塊多，真是讓當初認購的投資人欲哭無淚啊！

東森固網的股條也是個有名例子。東森固網在十多年前電信自由化開放民營固網執照，東森固網為了要籌資，以便分食電信業開放的大餅，發行東森固網的股條，未來可以用股條換股票。這張股條當年在立法院走紅一時，很多藍綠立法委員都想投資，那時還得靠關係才買得到。

後來東森固網改名為亞太電信，二〇〇六年底卻爆發力霸財務危機，股條變成壁紙，最後才在台鐵等公股接管後，積極地浴火重生，終於得以在二〇一三年八月份獲准上市，奇蹟式成為台灣少數在未上市股票變成壁紙之後，還能解套的一個例子（可能因為買的都是立法委員和公股吧！），但是卻讓當初的購買者套牢十幾年。

真正賺錢的準上市股票，只有靠關係才買得到

未上市股票如果哪天真的上市了（通常很難），報酬率真的會超乎想像，連有錢的富豪也想來參一咖。不過相信我，富豪能買到的未上市股票，跟你能買到未上市股票完全不同，因為他們買的都是「準上市」的未上市股票。

如果你有幸買到富豪們投資的「準上市」股票，那真是「天上掉下來的禮物」，通常都只是乾股或是零股釋出，可以買到的真的不多。還有一種是上市前的公開釋出，不過想認購的人很多，這得看你有沒有好運抽籤抽得到。

二○一三年底，壹週刊就爆料，賣泡麵的康師傅在台灣上市時，大搞政商關係，讓特定人士在上市之前預先認購，搭個上市賺錢的順風車。一般人當然沒這個福份買到了。全世界的富豪對於這種搶錢遊戲可是超乎想像的熱衷，而大多數的富豪都是透過自己旗下的投資公司來進行，因為賺這種錢要「低調」、「偷偷摸摸」的賺，以免引起社會觀感不佳。

但我要告訴你，台灣很多政商名流可是靠著賺這種錢致富，獲取驚人的報

酬，一般人只能買到別人推銷的未上市股票（絕對不是一流的公司），有關係的人才可以買到超優質的「準上市」股票，有錢人的裙帶關係有時超乎你的想像，這種準上市股票也是他們經營政商關係的利器！

透過境外投資公司炒作自家未上市股，股票馬上換現鈔

前面提到的境外公司（OBU），在富豪的搶錢遊戲中可是扮演重要的關鍵角色。很多上市公司的大老闆、大股東，都會在境外開設私人的投資公司，這種境外投資公司不但能低調地營運，賺到的錢都不用繳稅，而且連枕邊人都不會知道有自己有這家公司。此外，境外投資公司還能化身為台灣很多上市公司的大股東，大老闆、大股東利用境外投資公司交叉持股，便可以極少的成本牢牢地控制一家上市公司。

那要怎麼運作未上市股票呢？在自家公司的股票還沒上市之前，早就已經

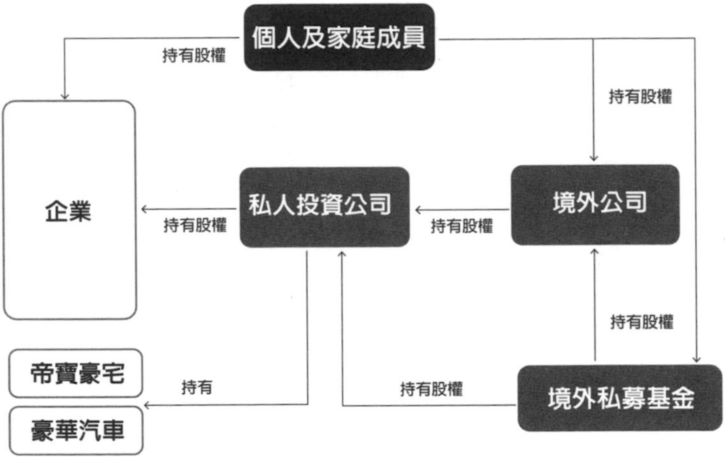

圖 8-1　富豪們的私人投資公司

透過境外投資公司持有自家的「準上市」股票，一旦上市之後，馬上就能股票換鈔票，荷包滿滿。

富豪怎麼玩私人的投資公司？這可會讓你大開眼見！為了賺更多的錢，私人投資公司就必須尋找好的投資標的，預先上車買進，這樣才能創造出高額的報酬。這些富豪的私人投資公司在投資標的公司最初的階段就入股，持股成本相當低，有些甚至還是免費的乾股。未來一旦上市或找到了新的投資者，富豪的私人投資公司只要賣掉持股，就有很豐富的報酬（參見圖8—1）。

私人投資公司目前最喜歡投資的是生技產業和遊戲產業。生技產業可涵蓋的範圍很廣，比較有故事可以瞎掰，上市的想像空間很大，易於炒作。遊戲產業是印鈔機，只要有人玩遊戲，花錢買些寶物，就有營收入帳，伺服器和開發成本卻很低廉，號稱躺著都賺錢的產業。

不過私人投資公司投資的標的，一般人無從得知。因為這是私人投資公司花大把鈔票養投資研究人員所得到的成果，當然不會平白與一般人分享資訊。這些花錢得到的內線消息，是要留給特定人士用的。

但是，如果你是富豪想要經營的政商關係對象，那可就不一樣了。這些富豪們會透過投資公司針對一些有潛力公司的股票預先「吃貨」，再用較便宜的價格賣給你。不過，不論你與他們多熟識，買到的股票也絕對不是最低價，價錢一定會比他們認購時還要高一些，可稱為「公關價」的行情。有錢人可算得精了，才不會做虧本生意（這也是他們有錢的原因之一！）。這種未上市股票賣給你，對他們來說可是一舉數得，不但可以拉攏你的關係，部分股票也先賺了一筆，更可以降低持股的風險。想到這些，他們可是都在偷笑！

在台灣，很多企業大老闆的私人的投資公司，就是專門扶植轉投資事業的運籌帷幄中心。利用自己上市公司母公司的資源，去扶植某家新興的轉投資公司，而這家轉投資公司的大股東通常就是自己的私人投資公司，獲利大都進了自己的私人口袋。

最著名的例子就是台灣某家上市的半導體公司，這家公司本身的本業不怎麼樣，只是同業的B咖，但是轉投資的事業卻是家家都比母公司的業績還好。這家公司老闆個人可是賺翻了，而買到這家母公司股票的投資人，現在都還住在「總統套房」，只能望股興嘆！

當然了，私人投資公司不只是用來操盤轉投資事業！有些富豪在外面包養的「小三」、「小四」，他們的生活費、安家費也是透過私人的投資公司經手，這樣大老婆才不易發覺。很多富豪白手起家的母公司，大老婆可都是大股東、董事的職務，從年輕時就一起打拼，管帳管的比老闆還嚴。真想動些手腳，還是要靠私人投資公司才能暗中推動。

有些私人投資公司還會和汽車租賃公司有往來。租賃公司名下登記很多高

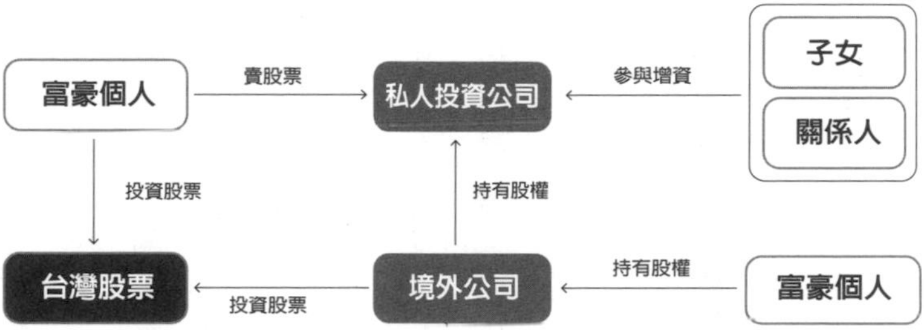

圖 8-2　私人投資公司進行資產轉移的過程

檔車款，像是賓士、BMW等等，車牌號碼開頭大多是「AA」「BB」「RAA」「RAB」等英文字母。這種租賃名車，通常是私人投資公司出面承租，也就是富豪在使用。只要負擔租金就可以使用車子，又不需掛名登記，行程易於保密，用租賃的方式擁有名車，實在很便利。租賃名車對於自己的投資公司也有好處，租金可提高營業成本、降低賦稅，又不用自己養車，可說是一舉數得。

台中就有一家印刷大廠，每年尾牙都送賓士或奧迪，看了可真令人羨慕！公司對外宣稱，這是犒賞員工一年來的辛勞，但明眼人都知道，實際上是為了降低公司賦稅，贈送名車來節稅罷了。

另外，私人投資公司也常用於富豪的公司股權控制及財產登記，不過很多富豪們不喜歡曝光，私人投資公司的負責人都找人頭來登記，但是自己才是這投資公司的實際控制者（參見圖8—2）。

你一定沒想到，台北市仁愛路上的帝寶豪宅，其中很多戶的擁有者，登記的並不是富豪本人，而是旗下的私人投資公司。這些大多是用私人投資公司的錢，名義上是購買「員工宿舍」，實際上卻是大老闆或大股東居住。

未上市股票太好賺，銀行、富豪也逃不過誘惑，全栽了！

不過天底下畢竟沒有白吃的午餐，在投資有高報酬的同時，也代表著高風險。有錢人投資未上市股票不全然都是撿到寶，有時也會壓錯寶，搶先投資的股票變成壁紙。

前幾年就有一件震驚美國的馬多夫（Madoff）事件，可說是華爾街史上最大的金融醜聞。馬多夫曾經是華爾街的傳奇人物，也是馬多夫證券公司的老闆。馬多夫利用擔任美國那斯達克（NASDAQ）股市主席的機會，向一些有錢的富豪及專業的投資機構（例如：銀行）謊稱自己有辦法拿到一些未上市公司的股票。他宣稱，如果這些股票未來一旦上市，將可以獲得鉅額的報酬。另外，他也誇稱自己擁有很多內線消息，投資後保證獲利。

於是有一些富豪都上鉤了，包括知名的好萊塢導演史蒂芬・史匹柏，演員凱文・貝肯，電視名主持人賴瑞・金等等，甚至連專業的投資機構如法國興業銀行、匯豐銀行、蘇格蘭皇家銀行、瑞士銀行等，他們都深信馬多夫在華爾街的地位，一定有辦法讓自己在投資未上市股票時預先上車，紛紛掏出大筆的資金交由馬多夫去運作。

後來馬多夫貝被自己的兒子踢爆，原來他只是利用老鼠會的方式吸金，根本是後帳還前帳，馬多夫的投資並沒有他說的那麼的神，還在金融海嘯時發生鉅額的虧損，以致於後來開始繳不出本息。

不過，馬多夫卻騙了富豪及專業的投資機構二十年，吸金超過五百億美元，這二十年當中竟然沒有人發覺任何不對勁，受害機構與投資者高達數千人。只能說貪心、想要獲取暴利的下場就是，一向精明的銀行和有錢富豪，在這場金錢騙局中都變成被人玩弄在股掌中的傻子。

中國土霸招著外資金融玩家，最後倒楣的還是散戶

不過在中國，有錢人買未上市股票，卻是透過另一種途徑變現。在中國會買未上市股票的，大多是大型基金、信託公司、官太太、富二代、官二代，這些人平常投資賺錢就是靠關係，當然也是未上市股票的搶錢一族，不過他們是貪婪的土霸。

為什麼這麼說呢？這些土霸自己投資許多未上市股票，甚至自己搞間公司

來發行股票。一旦發現無法上市，自己的投資可能會變成壁紙，就強迫來中國做生意的外資投資銀行、基金公司、私人投資機構，硬要他們收購這些「壁紙」。

這些來中國做生意的外資公司，為了之後在中國做生意不被刁難，只能勉為其難地買下。不過這些外來的世界金融玩家也不是省油的燈，他們收購了這些賠錢的未上市股票後，就會使出他們玩弄世界金融市場的看家本領，把這些地雷股公司重新包裝，變成一個看似十分有潛力、有投資價值的公司，運用他們獨特的人脈魔法點石成金，把這些中國的地雷股票弄到美國掛牌上市，在美國股市中，許多中資掛牌企業爆發假財報，就是這樣來的！金錢遊戲的貪婪與醜陋的實例，再添一樁。

不過不懂內情的投資人可慘了，這些公司的財報、營收都是假的，投資銀行、基金公司、私募基金就趁著這些股票上市時落跑，留下一群懷有中國市場美夢被套牢的投資機構及投資人。

想買好公司的未上市股，小老百姓最早也只能排到第五順位

當然了，中國還是有一些值得投資的好公司。從早期的阿里巴巴到最近的微信、小米，都是很好的例子。這些公司早期靠著幾個關鍵的靈魂人物，利用中國廣大的市場搶進用戶量，提高營收。隨著不斷地併購與擴張，現在都已經成為世界知名的大企業，很不簡單。

不過這些未上市股票，一般人卻無法買到。那麼，一般人買到真正有潛力的未上市股票，會經過什麼樣的過程呢？我舉二〇一二年在美國上市的臉書（facebook）當作例子。在未上市之前，香港的首富李嘉誠早就透過自己旗下的私人投資公司接洽買進。這時消息一定都還沒有出來，因為這還是屬於創業投資的階段。其後，才會由扶植臉書上市的投資銀行買進，因為他們也發現臉書公司有上市的潛力，並且該銀行的私人銀行部門也會後續跟進買進，以便日後分享給他們的優質大客戶（當然就是對該銀行收入最有貢獻的大客戶！）。最後才是上市前的申購，這時一般投資人才有機會買的到，但是已經是第四手、

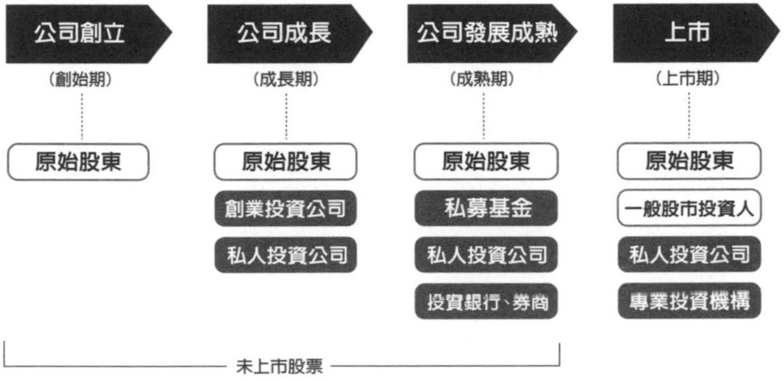

圖 8-3　一家公司由創立到上市股票的發展過程

第五手的投資者，價錢已經高了，但是還是有機會在公司上市時賺進一筆（參見圖8—3）。

這就是投資未上市股票必經的流程，我相信很多讀者和我一樣，是屬於最後才有機會買進的人，如果這時認購的人太多，這還得看自己運氣好不好，有沒有機會抽中呢！

私募股權基金錢滾錢，全都進到「那群人」的口袋了

在這裡，我也為讀者透露一項

全世界有錢人都在玩的「私募基金」。

私募基金也是一種基金，不過這類型的基金採行私下募集，並不會對外公開，一般人買不到。其私下募集的對象，大都是富豪家族、基金會、政府基金或是國際級的大型投資機構……等等，以低調、保密方式進行投資。私募基金的發行機構可能是私人投資公司、資產管理公司、專業的私募基金公司，也有可能是國際上知名的投資銀行、私人銀行。

有錢人投資私募基金，也是他們累積人脈，經營政商關係的工具之一。每當有好的投資標的，他們就會藉由自己的私人投資公司找政界、商界朋友，一起共襄盛舉。在中國，有錢人投資私募基金更複雜，參與者有時多到如集合式基金，因為太多人都要來分一杯羹。

私募基金是一種專門幫有錢人賺錢的基金，會向有錢人收取高額的基金管理費及高比例的獲利分紅，其投資的方式主要有三種。

第一種是直接投資國際金融市場（如股票、債券、外匯市場等等），靠其專業的投資技巧為客戶賺大錢，例如國際上知名的金融大鱷喬治，索羅斯

（George Soros）旗下的量子基金，就運用複雜的財務工程，加上其對國際金融市場的敏銳判斷，為客戶賺進大把的鈔票。

第二種是買下有潛力、未來極可能上市公司的股票，待其上市之後，將其股票出售獲利（當然是買進準上司公司股票！）。這些股票可能來自該公司的大股東、先期投資的創投業者，或是持有該公司未上市股票的投資人，因為以購買未上市公司的股權為主，有時也被稱為「私募股權基金」。目前有錢人投資的私募基金，大多數屬於這一種。

第三種是尋找市場上營運不善，或是出現財務危機好公司，投入資金、逢低買進，再透過介入經營的方式，來改善其財務體質、提高公司的價值，最後以高價轉手出售獲利。台灣最著名的例子就是我們第二章所提到的萬泰銀行，該銀行因雙卡（現金卡、信用卡）風暴出現嚴重財務虧損，最後被外資私募基金（GE奇異資本及荷蘭商SAC私募基金）收購並且投入資本，度過倒閉的危機。

不過，私募基金也有看錯賠錢的時候。投資萬泰銀行的外資私募基金，最後認賠出場，把股權賣給想藉著併購萬泰銀行，進入消費金融市場領域的開發金控。外資私募基金願意賠售萬泰銀行，應是體認到台灣金融業已是薄利行業，以致其背後投資者不願意繼續再等待，想要贖回出場。

因為是「私募」基金，沒有對外公開，給外界總有些神祕感。私募基金的決策者和操盤者，絕大都是金融業過去響叮噹的人物，從金融業退下來後，利用過去的人脈和關係找尋願意投資的金主，這些金主當然都是超級富豪、有錢的基金會，或是國際上大型的投資機構、、等等，著眼於這些操盤者過去在金融業有良好的績效及深厚的專業素養，願意把大筆的錢交由他們投資，創造豐厚的利潤。

最近有名的例子就是香港的卓毅資本（Zoyi Capital），是極少數台灣色彩十分濃厚的私募基金，由前台灣花旗總裁、有外資教父之稱的陳聖德，加上高盛投資銀行前台灣區總經理余佩佩，還有市場上知名的併購金童郭明鑑所領軍成立。三位投資銀行教父級的人物一起攜手合作共事，在市場上募集到三～五億美元的資金，靠著他們的數十年人脈及投資經驗，低調地為有錢的富豪、私人基金會及國際級的法人投資機構賺錢，連立法院長王金平的女婿也被他們挖角到這個陣營之中。

這種私募基金，一般人無緣接觸，但是卻在整個全球金融資本市場中占據非常重要的角色，也是全世界有錢人賺更多錢的祕密之一。

第九章

股市的真相

說到股市，可真是黑幕重重！股市是一個令人懷抱賺大錢夢想，又卻令人心碎夢醒的地方，套句股市名言：「散戶不死，多頭不滅。」多少散戶賠錢退場，就有多少散戶急著進場，但是真正發財的卻沒幾人。我在銀行那麼多年，遇過大大小小的客戶投資股票，但是除了身為公司老闆或大股東，否則大概十個有九個都是賠錢收場，不然就是損益兩平，白忙一場！真正在股市中賺大錢的客戶我卻沒看過。根據台灣某證券公司統計，公司共有幾十萬名自然人客戶，一年下來真正賺錢的竟然不超過十位。這下你就知道投資股票有多難賺了吧！在本章，我將為你解說股市的真相，讓你真正了解股市的樣貌，或許你對未來的投資方向也會改觀。

外資消息靈通、手法活絡，投資台股穩穩賺

不論你是否曾投資股票，或多或少可能也聽過三大法人——外資、投信、自營商，這三個角色左右台股大部分的動向，所以我先從這三巨頭談起。

台灣股市大部分是散戶及外資的天下，散戶約占六、七成，外資約占三成。外資就是前面章節所提到來自國外的基金公司、保險公司、大型投資機構、家族辦公室、避險及私募基金等等。其實外資的概念很簡單，台灣的外資就是從國外來投資台灣的錢，台灣的錢去投資國外的股市，就變成該國的外資。假設你透過A基金公司買了印度的基金，而A基金公司幫你在印度股市所做的投資就是印度的外資。

這些外資都是專業的國際投資機構，投資股票的經驗非常豐富，因此投資績效比一般台灣人還好，外資買進的標的往往是台灣投資人追捧的對象，不過外資真的有那麼厲害嗎？雖然外資的操作經驗豐富，但是外資的機構並不在台灣，對於台灣的企業動向多少還是有誤差，有些沒良心的企業老闆及大股東們，會故意放出假消息，私底下偷偷賣股票給外資。為了防止這種道德風險發生，外資的投資標的多半以權值股、較知名的股票為主。不過由於外資的投資部位實在太多，有時單單一家上市公司的持股就高達六、七成，即使知道這家公司將會由盛轉衰，但是持股太多，只得分批賣，比較晚才出手的，外資就只能虧損出場。說到底，外資不是股神，也常常追高殺低，只是資金比較多，有時可以逢低攤平、縮減虧損而已。

不過，外資比台灣人更厲害的地方，就是他們握有最接近國際金融市場上的資訊，以及全球上下游供應鏈的第一手最新變化消息，因此往往能在投資標的發生虧損，或是有影響股市的國際事件發生時，率先開溜偷跑，這是一般台灣投資人跟不上的地方。

外資還有一個厲害的操作手法，就是會透過期貨和融資借券來避險。

外資操作期貨的手法，是在台灣股票市場大量買進台股的同時，也做空指數型期貨做避險，萬一不慎看錯了，或遇到國際股票市場大跌，期貨做空的部份則會因為台股指數的下跌仍有的獲利，來彌補壓錯寶的虧損。

另外，外資也到國外市場去投資摩根台灣指數型期貨，利用與台灣市場不同的反向的操作，降低自身投資風險。例如在台灣指數型期貨做看多單，在新加坡市場的摩根台灣指數型期貨則做空單，相互套利及避險。

融資借券的操作則是在台灣股票市場上買進一家公司股票時，也會向國外股票市場中持有該公司股票的壽險公司、證券公司，借出該公司股票進行做空避險，等到這家公司的股票下跌後，再從市場上買進股票以償還之前借出的股票（先高賣，後低買）。這兩套作法搭配外匯、利率型商品以及複雜的財務工程模型，運用外資的交易電腦進行計算及避險，使得外資總是賺多賠少，在台灣股票市場上呼風喚雨。

假外資就是企業老闆的分身，股價跌，不過是換個口袋裝錢

台灣的股市有很多假外資。所謂的假外資，就是那些在股票市場上被定義為外資的國外投資機構及法人，實際上卻只是一家註冊在英屬維京群島、巴哈馬群島上的一家紙上公司，以國外投資機構的名義，送經濟部投資審議委員會審議通過，以取得投資台灣股市的資格，再到台灣的投資銀行證券部門（俗稱外資券商）開戶，就進入台灣股票市場投資股票。

所以，你看出這些假外資背後的真面目了嗎？說穿了，其實這些假外資背後的擁有者，就是上市公司老闆和大股東們自己，透過自己的境外公司來買賣自家公司的股票，比較不容易讓外人發覺。這樣做是為了控制公司的股價，順便趁機謀取暴利，並牢牢地控制一家上市公司。試想，當一家公司業績開始不好時，誰會先知道？當然是公司老闆和大股東們，但是他們如果在股票市場上賣自己的持股，馬上就會讓人發覺，也可能成為內線交易的證據。這時如果透過自己的假外資公司，偷偷地賣掉持股，一般人不但不易察覺，未來若引發內

線交易的疑慮時，檢調單位更是不易追查。

此外，上市公司老闆和大股東們還能在香港以假外資的身份，借券放空自己公司的股票，大賺一筆。自家公司股價下跌，老闆和大股東的身價看起來只有帳面上減少，實際上並沒有減少，錢都流到自己控制的假外資口袋裡。換言之，錢只是換個口袋裝，還是自己的。反之，如果一家公司業績開始好轉時，最先知道的當然也是公司老闆和大股東們，就可以透過假外資偷偷地先買進自己公司的持股，外人不易發覺。等到業績一公布，外人要開始買進公司的股票時，再以較高的價錢賣出去，又賺了一筆。

對於正派公司來說，在境外成立控股公司是為了分散股權，以達到上市公司的要求，或是為了將來併購或出售做準備，或者是方便境外借款。只是這樣的運作方式，被很多上市公司老闆和大股東們拿來做為個人另類的生財工具，我想這應該是政府始料未及的結果。

假外資的運作在台灣的股市可說是黑幕重重，千萬不要一看到有外資投資某家公司，就相信它有外資的背書。那要怎麼判斷真外資和假外資?其實真正

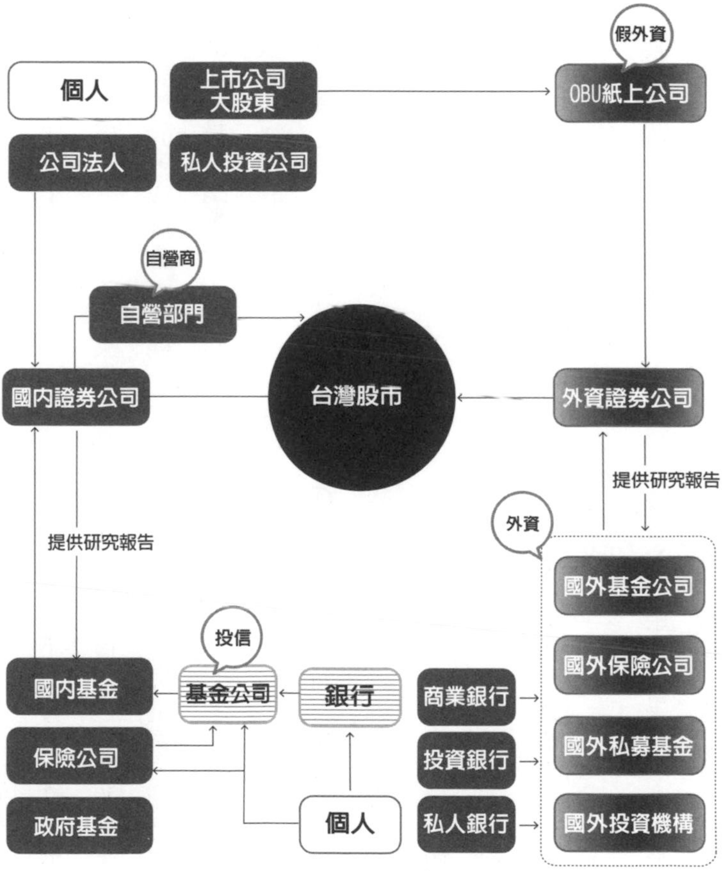

圖 9-1　台灣股市的主要參與者

的外資有投資風險和流動性的考量，幾乎只會投資大型的權值股，就是那些財報透明、在市場上有一定名聲和地位的大公司，並不太會去投資小型的公司或者是冷門的產業。所以，如果你看到一家公司股本很小、老闆的名字沒聽過，卻有不尋常的外資持股，這種外資多半是假外資。就算這家公司業績再好、財報再漂亮，投資還是要小心謹慎。

我上述建議的準則只是判斷真假外資最基礎的原則，大公司當然也會有假外資，畢竟股市實在是個人人都想賺錢的地方。之前台灣有一家做觸控面板的大公司，部分外資大股東在股價六百多元時賣出，此消息一傳出，外資分析師圈內一陣驚恐，因為這些外資公司背後的大股東就是這家觸控面板大公司的老闆，老闆對自己的公司都沒有信心了，怎麼還有前景？於是，紛紛下調對這家公司的評價，最後股價果然就如這家公司老闆看得如此神準，再也沒有回到六百多元的水位，留下一大堆套牢在高點的散戶。

其實，買股票還是要看這家公司經營者的信用，如果這家上市公司老闆的信用不好，常常誇口自己的業績和未來計畫將會如何，到了最後卻都跳票，我會建議你還是別相信他才好。畢竟，他講話沒兌現不用負任何責任，而投資的虧損可是你自己的血汗錢！

投信深知「團結力量大」，聯合公司派、主力一網打盡散戶

接著，我要講講三大法人的第二位巨頭——「投信」。一般慣稱的「投信」就是投資信託公司，你一定馬上想問，投信跟「投顧」（投資顧問公司）的差別在哪裡？簡單的說，投資國內股票的叫做「投信」，投資外國基金的叫做「投顧」。一家投信能投資的資金雖達幾十億，與動輒幾百億資金的外資相比，簡直是小巫見大巫。由於資金不龐大，因此許多投信的投資標的還是以中、小型股為主。

如前面提過，投信投資股票必須經過一定程序，不過程序歸程序，真正會按照程序的投信其實不多。為什麼呢？因為投信的資金規模小，一定要把錢花

在刀口上，才能創造良好的績效，否則績效太差，很多投資人一贖回，這檔基金也玩完了，下次再募集資金就更難。

為了創造良好的績效，很多投信基金經理人都會認養股票，就是從剛上市時或還沒上市時，就結合公司派、其他的投信經理人，特別照顧某幾檔的股票，大家相互接手以維持股價，最後再發動大家一起進場買進，拉抬這幾檔股票的股價，以創造良好的績效。

「認股」、「養股」，在投信界已經是個公開的祕密。很多投信經理人在認養股票的時候，私下都已經找好人頭戶先行買進，等到股票拉抬之後，再趁勢出場、大賺一筆，根本就是用大家的錢替自己賺錢，怪不得很多投信經理人都可以開名車、買豪宅。

有些投信經理人為了要認養股票，難免會與公司派、主力、特定的金主走得很近，以便探聽最新的消息。而這些公司派、主力和金主也樂意與投信界人士往來，因為買股票最怕的就是賣不出去，而這些投信人是操盤的基金，可是這些主力等人倒貨的地方，有散戶幫忙接下不要的股票，可真是夢寐以求！

投信公司的老闆也是這種金錢遊戲的熱衷者。很多投信公司的老闆每天審視底下的基金經理人每天到底買了哪些股票？目前有哪些持股？這可不是老闆單純在監督屬下，而是老闆想看有沒有賺錢的機會！假設他知道旗下的基金經理人明後天要買哪支股票，今天自己就先買進，明後天順勢賣出去，就可賺個小額價差。有些投信公司老闆還會跟朋友報明牌，最終不但賺了錢，也做足了人情，真是一舉兩得。

投信經理人還有另外一種錢可以賺，就是證券公司的退佣。就像你透過證券公司投資股票，如果下單量大，手續費通常有折扣；投信公司也一樣，下單後也多半有手續費上的折扣。手續費折扣的錢並不會馬上給投信公司，而是到月底才會統一結算，以退佣的方式退到投信公司的帳戶。

於是，可以動手腳的地方就在此。近年來，由於台股的成交量越來越低，證券公司長期苦於生意不好，只要一檔投信基金能來自家證券公司開戶下單，手續費、退佣什麼都好談，談到最後的結果，就有一些不肖的基金經理人或投信公司老闆，乾脆要求部分的退佣要退到自己指定的帳戶，而部分證券公司為了拉攏大客戶，也只能配合，這也變成這個行業不能說的祕密之一。台灣人想辦法賺錢的聰明程度，在全球真是名列前茅！

自營商的客戶就是他們倒貨的對象

接下來我就要談談自營商。什麼是自營商？就是台灣本土的證券公司。證券公司除了服務客戶下單投資股票期貨，公司本身也在股票市場上投資股票。如果說專業一點，就是一家證券公司的自營部門，像外資券商的自營部門一樣。自營商的資金規模是三大法人之中的最小咖，不過買賣股票並不像投信那麼麻煩，還要經過一定的程序、開會後才能買進。自營商高興買什麼股票，就買什麼股票，但是盈虧是由證券公司自負。投信和自營商因為資金規模小，都特別喜愛投資中、小型股，因為這類股票只要花少許的成本就可以拉抬股價，創造良好的績效。

自營商買股票通常是看老闆的決定，講明白一點，就是自營商老闆要經理人買什麼股票，經理人就得買什麼股票。畢竟，經理人投資的錢，是證券公司老闆出的，當然是老闆說了算數。說穿了，自營商就是證券公司老闆買股票後出貨的對象。證券公司老闆今天用幾個人頭戶買了幾檔股票，明後天就要經理人用證券公司的錢買進同樣幾檔股票，好替他拉抬股價，然後證券公司老闆再賣出，就可以輕鬆賺價差。自營商買股票的自由度比投信來得大，所以我們常可以見到自營商有時會買進一些奇奇怪怪的股票，多半是這個原因。

自營商和投信一樣，內部設有研究部門，有專門的分析師在研究股票、寫報告，主要是提供給投信基金或大型公司戶等大客戶，吸引他們來下單，以賺取手續費。如果你有在證券公司開戶，一定會常收到由證券營業員轉寄給你的電子郵件，內容大都是投資建議、大盤趨勢分析等等，內容能不能信呢？當然只是參考就好。證券營業員發到你手上的投資建議報告，當然和證券公司大客戶看到的報告不一樣，時間上也會有落差，畢竟他們是大客戶，當然要優先提供比較有價值的消息。你所收到的投資建議，通常不是快過時，就是大家都知道了。

那營業員為什麼要發沒有價值的投資建議給你呢？表面上，投顧公司是希望藉此你能繼續在這家證券公司下單；實際上，也希望你能買進他們所建議的股票。而他們建議的股票，自己的自營部門和大客戶們已經先行買進了，這時候如果你能繼續幫他們買進，他們就可以逐步獲利出場；萬一不小心遇上市場崩跌，至少底下有人可以幫他們接手。

你可別小看這個威力！一家大型的證券公司在全台灣可能就有一百多萬個客戶，只要其中的五％每個人買一張，就有五萬張買單！股價還怕上不去？可能漲得都還比你預期得兇！這時如果證券公司的老闆、自營部門、大客戶們一起來搭個順風車，錢真的很好賺！因此，證券公司的市占率非常地重要。只要有廣大的市占率，就代表證券公司有一個固定的買盤來承接自家買進的股票，讓相關的利益人士都賺錢。

另一方面，證券公司還可以透過掌握客戶的投資動態，知道他們買什麼股票，賣什麼股票，簡直可以每天在家數鈔票了。你可別小看這些資訊，有人就靠它累積好幾百億的身價。這是怎麼做到的呢？

如果一家證券公司市占率高，每天可是有幾十萬、百萬筆資料，利用電腦軟體統計後，馬上就知道旗下的客戶最近都買了哪些股票、成本如何、是融資還是融券。這時，只要鎖定幾檔客戶投資最多的中小型股，就可以開始洗客戶。

那要怎麼洗呢？這一批客戶買進A股票的平均成本是五十元，假設股價跌到三十六元，客戶就要開始賣出，這時黑心的證券公司老闆和大股東們，就叫自家證券公司持有A股票的自營部門，每天在市場上賣出A股票，讓A股票一直跌，最好跌到三十六元之下。

於是，很多客戶就被迫斷頭或是停損賣出，等到散戶差不多都斷頭賣出了，證券公司老闆和大股東們就開始利用人頭戶低檔接手這檔股票，這時的A股票可是價美物廉啊！

等到證券公司的老闆和大股東們已經偷偷摸摸地低接的差不多的時候，最後再叫自己證券公司的自營部門投資A股票以拉抬股價，股價會因此而反彈，證券公司的老闆和大股東們再趁機搭順風車，順勢出場賺一筆。所以，股市常有一些融資斷頭的股票，在融資出場後，開始跌深大幅反彈，背後可能就是這種情況。

如果證券公司老闆和大股東們要炒作某檔股票，他們當然不希望有太多不相干的人來參一腳，如果你正好買了他們鎖定的股票，他們一定會設法把你「洗掉」，你是他們旗下的客戶，他們可是完全掌握你買進這檔股票的成本、數量和時間，要讓你停損出場，還不容易嗎？自營商雖然資金不多，但是有老闆和大股東們的外部資金加持，累積起來也相當龐大，區區一般散戶，當然玩不過他們了！

那證券公司要怎麼「洗掉」你呢？你看好某檔個股，但是受不了它的巨幅震盪，或是長時間的聞風不動而無法等待，結果你就賣了它，但就在你賣了那檔股票不久後，它就開始一直往上漲，真的會氣死人！我只能說，你可能被證券公司的自營部門「洗單」洗掉了，而證券公司老闆和大股東們正在家裡數鈔票呢！

股市主力慣用炒股三絕招，散戶的錢全被一掃光！

股市中能呼風喚雨的，除了三大法人之外，還有大家耳熟能詳的股市主力。股市主力的資金規模並不大，只能針對某一檔或某幾檔股票介入，最常見的操作手法就是俗稱的「養、套、殺」，要怎麼操作呢？

首先，主力鎖定一檔股價低（可能一股不到十塊錢）、不多人關注的股票，大舉以低價買進，就能以低成本取得大量的股票。此階段就是「養」股票。等到主力買股票買得差不多，就要設法拉抬股價。通常要搭配利多消息和話題，讓該檔股票成為市場上的焦點。在利多消息的加持下，許多人就瘋狂追逐此檔股票，主力就趁一片看好聲中，逐步出清一定數量的股票，以降低自身的投資風險。

該檔股票的搶購者眾多，股價就在這種氣氛中拉抬，漲幅可能達幾十倍甚至百倍！當股價被股票市場上的追逐者拉高價格後，接著就要讓其他相關利益人士脫手，此時股價會不斷地上下震盪，以創造高額的成交量和買氣，當主力和相關利益人士都先後下車了，股價也不像之前亮眼，散戶更捨不得賣掉，就開始「套」在這檔股票。

最後一個階段，主力留在這檔股票上的數量已經大幅減少，相關的投資都已經回收，口袋也已經獲利不少，主力在這檔股票的持股早已是零成本，每天隨便賣幾十張股票，賣掉的收入全都是多賺的。這時候如果主力不想玩了，就進入「殺」的階段。「殺」就是殺出持股，有些手段高明的主力會在殺出之前，先行放空這檔股票，配合突然的利空消息開始殺出股票，這時候股票會因為沒有主力和相關利益人士的加持，股價就如洩了氣的汽球般一路下跌，來不及逃命的散戶就全部套在高點，而主力可能藉由放空該檔股票，私底下再賺進不少。

上述「養、套、殺」這三招，就是股票交易的黑暗。少數的有心人士結合一大筆資金，就可炒作一檔中、小型股。像是日前喧騰一時、投資胖達人麵包店的基因國際生技公司，就是相當吻合此招數的例子。

基因國際生技公司被金主買下前，原本叫做達鈺電子，當時股價面值不到十元，股價便宜、甚少人關注，這時候就是主力最好的介入點，此時大舉買進達鈺電子的股票，成本相當便宜。這段期間就是主力「養」股票的階段。基因國際生技公司（原為達鈺電子）靠著入主知名麵包店胖達人，不斷釋放營收和展店的利多，基因國際生技的股票一躍為明星股。在這些正面消息的加持下，基因國際生技的股價原不到十塊，飆漲到每股二二二元。

這時炒作基因國際股價的主力，如公司大股東、帝寶幫主力，就開始趁機逢高出脫持股，但是不少散戶投資人卻在此時誤信其利多消息而進場買進，開始住進套房。

最後，轉投資的胖達人麵包店被踢爆原來賣的都是香精麵包，檢調單位也開始對此股票主力所涉及的內線交易展開追查，基金國際生技公司的股價也一路下跌，套牢了來不及逃命的投資人。

在台灣很多股市主力底下都有一、兩百個人頭戶，加上不少有心人士會利用投資公司、一般公司的名義，在證券公司開戶下單。而檢調單位迫於人力有限，如此複雜的人際網絡也不易追查，偵辦過程常是雷聲大、雨點小，最後找不出直接的對價關係，案子也就不了了之了。因此常有人開玩笑說，台灣股市真是個內線交易的天堂，就是這個原因。

一個主力會炒作的股票都是中、小型股，因為這類型的股票股本小、籌碼安定，加上外資介入不深，是很好炒作的標的。很多散戶其實也知道這類型的股票都有主力的介入，偏偏台股就是這類型的股票最會漲，大家永遠不會相信自己是最後一根稻草，總想著自己只是賺個價差就跑，不會被坑殺。不過，如果股票真的是那麼簡單的遊戲，那不就每個人都發財了，還需要辛苦地上班幹嘛呢？

台灣的散戶相當熱衷於研究技術線圖，最常聽到散戶說：「逢低承接，逢高賣出」。但是，身為一個股市主力，他當然有辦法把他命中的那檔股票的技術線圖做得很漂亮，讓人誤認為自己看得很準，再搭配個小甜頭，讓散戶小賺一點，很多人馬上就相信自己是股票專家，忘記投資股票時應該注意的風險。

等到大家都上鉤，主力就開始偷偷摸摸地開溜大吉，不知道內情的人應該還是會相信目前股價只是正常的回檔，也可能是漲多了在盤整而已。等到大家逢低加碼，越加越罵，或是逢低攤平，越攤越平後，主力早已荷包滿滿地開溜，不少散戶還做著低買高賣的美夢，竟然還傻傻地相信股價還會再漲回去！

其實主力決心要炒作某檔股票之前，都有一套精心策劃的演出劇本，就像前面提到的基因國際生技公司利用投資胖達人麵包店炒作股票；甚至有些人脈、實力雄厚的主力要做一檔股票時，不會等股票上市之後才開始做，他們在這些股票未上市，或者還在興櫃掛牌時就開始炒作。我們有時可以看到興櫃市場中，有些熱門的未上市股早就已經被炒作得很高，這些股票如果哪天真的上市，反而是他們獲利了結的時機。如果一般投資人誤信該檔股票上市時會出現利多，可能就會被套牢。

主力想玩弄散戶的錢，反被股市吸血鬼吸乾！

現在你已經知道主力炒作股票「養、套、殺」的伎倆了，不過，當主力要炒作股票時，錢不太夠怎麼辦呢？這時主力就要向股市的金主商借。股市有專門借錢給別人炒作股票的人，稱為「丙種金主」。丙種金主多半是很有錢的人士，或者以前靠著炒作股票賺很多錢的人，所以有能力一次借好幾億給主力炒作股票。

不過，天下沒有白吃的午餐。向丙種金主借錢利息很高，還是以「天」計算利息，真可謂另類高利貸，所以丙種金主又被稱為「股市吸血鬼」。向丙種金主借錢，唯一的好處是不需要經過銀行那樣繁瑣的借錢程序，只要主力敢借，他們多半願意，因為可以趁機撈錢。但是，丙種金主想藉此賺利息，風險也很大，因為如果主力還不出錢、人又跑掉了，就如開地下錢莊被人倒債一樣，自己做高利貸生意又不方便報案，那該怎麼辦？

因此，幾乎所有的丙種金主都會要求主力，要把買進的股票放在自己的人頭戶底下，意思就是說：我借你錢炒作股票可以，但是一定要用我的人頭戶進出股市，我才能隨時賣出這些股票，以確保我的債權收得回來。然而，股市的人頭戶可是要成本的！一個人頭戶可能每個月租金也要兩、三千元，信用好一點的人頭戶（就是可以做高金額融資融券的）可能更貴，對一個主力來說，真是炒股成本的增加。不過主力就是資金不足，才會去找丙種金主，通常都會勉為其難答應。

如果丙種金主只是借錢給主力炒作股票，那事情還很單純，偏偏股市是個誘人的地方，有些丙種金主看到主力賺了那麼多錢，自己難免也心癢癢的。既然丙種金主知道主力買什麼股票，那就可以趁機從中偷賺一票。怎麼賺呢？如果是單純偷跟主力的單還好，因為主力多少也知道，自己合作的丙種金主會這樣做，但是丙種金主既然號稱股市吸血鬼，哪有那麼好打發？於是，吸乾主力血的過程就發生了。

一般而言，要炒作一檔股票，一定要籌碼乾淨，也就是要能掌握大部分的股票現在在誰的手裡，如果無法掌握股票的籌碼流向，很可能在炒作股票的過程，就會有人攪局或是搭乘免費的順風車。為了讓要炒作的股票籌碼乾淨，主力在炒作一檔股票之前，都會跟炒作標的的公司派打聲招呼，不然可能變成公司派倒貨的對象。畢竟，一家上市公司的公司派才是持有該公司股票最大的主力。主力要和這隻股票的公司派有默契，以確保公司派不會在炒作的時候跑來攪局；另一方面，也要從市場上大量買進這支股票，單量要足以控制股價，才能以確保未來不會有預料之外的賣壓衝出來，打亂炒作股票的節奏。

由於主力是透過丙種金主的人頭戶炒作股票，所以丙種金主對於主力的持股動態都非常了解。正當主力在前面努力買股票，丙種金主卻在背後偷偷賣股票，讓主力股票買不完，股價當然也漲不上去。以前台灣某集團的實際負責人王姓老闆就幹過這種事。明明自己借錢給別人買某一檔股票，自己卻在背後偷偷地把那檔股票賣掉，害得借錢的主力買了半天，每次一買股，就有特定人士倒貨出來賣，股票買不完，最後只能認賠殺出。後來這位王姓老闆和第三任妻子因掏空案逃去美國享清福，留下一票子女去坐牢。

還有更厲害的丙種金主，直接在背後放空主力炒作的股票，先做個避險動作。如此一來，萬一主力的股票拉不上去，丙種金主也不會有任何損失，甚至結合股票市場上的其他金主，一起狂砍主力炒作的股票。到最後，借錢的主力不但股票炒不上去，還狂跌不止，造成嚴重的虧損。最後，丙種金主預先放空的部位不但大賺了一筆，還向主力收取了借錢的利息，兩頭賺錢！

有些主力怕被黑心的丙種金主修理，都會多找些丙種金主以分散風險。不過，台股有位丙種金主在股市吸乾主力的事情還是時有所聞，只是在當事人彼此都不願意張揚的情況下，很少人知道內幕。

有時，營業員也是主力和丙種金主的幫手。當主力要炒作某檔股票時，營業員不但會跟單，還會替主力幫忙牽線市場上的丙種金主來借錢給主力，甚至幫主力和丙種金主找人頭戶，偷偷透露其他散戶的最新動態和持股情況，以方便主力和丙種金主炒作股票。其實，炒股集團就是一個金融犯罪集團，但證據和對價關係不易掌握，政府有關單位也拿他們沒輒，投資人的損失無法求償，所以投資股票真的要謹慎、再謹慎。

「好康鬥相報」其實違法，只能眼睜睜看富豪錢滾錢

前面多次提到內線交易，股市內線交易的定義十分廣泛，但在台灣要被定

罪，必須要有實際的對價關係。

所謂對價關係，是指一家公司的大股東或相關利益的人士，預先知道此家公司的某個重大利多或是利空消息，且該消息足以對該公司的股價造成影響，在消息還未公開透露前，預先買進或賣出股票，並且因此而獲利或逃避損失。

但是如果利用人頭戶、私人投資公司或是假外資先行買進或是賣出呢？或是預先知道公司的明年訂單會減少，營收會下降，在今年底偷偷先行賣出股票呢？通常公司的訂單減少並非需要公告的重大消息，只有公司的高層和少數相關的人士知道，無人檢舉，很難有直接的證據去證明有內線交易。

某位住在帝寶的股市主力，投資前面提到的基因國際生技公司，就堅持自己沒有內線交易，只憑自己的專業判斷而賣出股票。事後回看他賣股票的時機和價格都很神準，但還須證明他是否因為預先知悉這家公司營收即將大幅下滑的消息，才賣出股票以規避損失，要證明這樣的前因後果，才能形成法律上的「對價關係」。這也是內線交易案件在台灣被定罪的難處，怪不得很多人鋌而走險，因為內線交易案件最後被判刑的人不到三成。

事實上，內線交易無所不在。想想看，一家上市公司如果有什麼動作，誰會先知道？包含老闆和大股東們的私人銀行家、老闆太太的好朋友們、公司內部的財務會計人員、大股東、公司債權人、合作的會計師事務所、律師事務所、投資銀行、往來銀行的授信人員、外部合作機構的相關人員……等等，隨便數一數至少就有幾十人，還不包括從他們把話傳出去而因此知道的人。

股市是一個敏感的地方，上市公司的小動作可能都會對股價造成實質的影響，如果高層私底下預先買入股票或是賣出股票，甚至透過親朋好友的人頭進行股票操作，實務上根本很難確定是否有內線交易，沒有直接有力的證據，內線交易是很難定罪的。

台灣目前要追查內線交易，除非有相關人士檢舉，或者已經上了新聞版面，否則檢調單位也只能從證券交易所移送過來的異常交易資料再去追查，在人力、證據不足的情況下，台灣內線交易真的是層出不窮、屢見不鮮，實在是查也查不完。

其實，並不是只有台灣面臨這樣的問題，全世界各國的股市都有內線交易的問題，或許提高內線交易的刑罰、加強台灣企業相關人員的法治教育，可以減少內線交易的情況發生，只是實行起來著實不易！

投資股票三十年的機會成本，高達九棟台北的房子！

既然股市風險重重，為什麼還有那麼多人願意投資呢？因為，投資股票進入的門檻很低，幾千塊、幾萬塊就可以開始投資，而且變現又快速，容易吸引一般民眾。

股票一般可分為三種，一種是已經跌到底、完全無人氣的股票。這種股票一般人不會買，但想要炒作股票的人會買，因為股價很低，很容易被有心人士當做未來炒股票的工具。

另一種是牛皮股，就是股價維持幾個月、幾年都沒什麼波動，這類型的股票又可細分為兩類，一類是績優權值股，例如：中華電信，股價雖然沒有明顯的巨幅波動，卻有不錯的配股配息，讓投資人買了安心，又可以賺取比定存還好的投資報酬率。另一種類型的牛皮股是股本較大的低價股，因為股本大，不易拉抬，但是公司體質不錯，有穩定的現金流和收入。投資這種股票的風險也不大，如果哪天突然有利多的消息出現，股票還是會往上漲。這類型的股票因為主力介入不深，公司又穩定安穩，受到很多股市投資高手和外資圈專業投資者的喜愛。

最後一種是會漲的股票。既然股價會漲，當然也會有下跌的一天。這種股票對投資人非常有吸引力，因為很多人投資股票志不在配息配股，而是在賺價差，當然希望自己買的股票漲越多越好。不過，就如股神巴菲特曾說過：「只有退潮的時候，你才知道誰在裸泳。」這類型的股票如果股價不符合實際的業績，股價就算一時漲翻天，有朝一日也會摔得得粉身碎骨。

其實大家也都知道，這類型的股票就是某一段業績最好的時候會漲，當市場上有更多競爭者投入，或是面臨原物料高漲時，這類型的股票往往就開始走下坡。很少有一家公司能保證業績永遠亮眼，現在的第一名也可能是未來的吊車尾。之前提到的宏達電就是一個很好的例子。宏達電在業績好的時候，股價直飆一千三百多元，但是後來卻抵不過三星和蘋果的威脅，風光過後，股價剩不到一百五十元，還淪為與中國小米手機、華為手機競爭的手機廠。

一家公司除非它能像蘋果或三星擁有極高的市占率和品牌形象，否則壽命可能就是短短的幾年。如果這個行業的進入門檻低，那壽命更短。以前台灣投入太陽能產業，就是一個很好的例子。當大家都跳下來做太陽能，就會導致供過於求，最後大家只好削價競爭，無法負擔虧損的廠商只好黯然地退出市場。

不管投資什麼，都要考量機會成本。為什麼這麼說呢？如果你投資的不是股票而是房地產，過幾年後你多多少少一定都有賺到錢；但是如果投資股票，那可不一定了。股市投資最讓人煩擾的地方，就是花了時間與精力去投資，最後卻沒賺到錢，平白做了一頓白工，這種情況常常發生。

我有個親戚三十年前拿了新台幣一千萬元去投資股市，過了三十年後，他還是拿回一千萬。投資股市三十年竟然沒有虧損，很厲害吧！但是他說，其實他這三十年在股市中虧了九戶房子。為什麼？原來我這位親戚住在台北市社子島附近，那一帶的房子在三十年前，一戶約新台幣一百多萬元；三十年後一戶至少一千萬元起跳。若是他三十年前把一千萬投入社子島一帶的房地產，可以買到大約九戶房子。但是如今他的一千萬卻一戶都買不了。因此，從機會成本來看，他實在是虧掉九戶社子島的房子了。那時他如果投資九戶社子島附近的房子，現在身價至少億元起跳，但他卻選擇投資股市，真是千金難買早知道！

投顧老師、K線圖、看盤軟體，都只是「僅供參考」

雖然股海浮沉、賺少賠多，許多市井小民還是躍躍欲試，想方設法要從股市中賺到錢。市面上有不少教人如何投資股市的書藉，但說真的，內容參考就好，因為這些書籍的作者，大都是賺的時候誇大自己的功力，賠錢的事決口不提，以免影響著作的銷售量。就算真的有什麼絕招步數，多半還是會把最重要的關鍵藏私不公開，不然大家都如法泡製，他以後也不用在股市中賺錢了！

電視上的投顧名師所說的話，同樣也是參考就好。天底下沒有白吃的午餐，想想看，那些股市主力每天花多少時間和金錢經營人脈，才獲得第一手消息，怎麼可能免費在電視上公開讓你知道呢？他們多半是亂槍打鳥，如果剛好猜對一支股票，每次節目上就一直講他看對的那一支，強調他「之前」多麼的神準，再推薦他這次準備要觀眾買的那一支股票，還一直威脅利誘，如果現在不買，可能就會像上次一樣，錯失他推薦多麼「神準」的賺錢機會，但是絕口不提他曾經推薦五檔股票，卻只有一檔猜對，其他四檔都陣亡的糗事。

其實這些投顧老師最主要的目的，就是要你花錢加入他們的會員，老師就會寄投資建議給你，講白了就是要你花錢買股市明牌。這些會員分為鑽石卡級、金卡級、銀卡級，分級的方式通常是攸關老師寄出投資建議的頻率，像是鑽石卡級在第一時間內就會收到老師發的投資簡訊；金卡級在股市交易期間，每小時會收到老師的投資簡訊；而銀卡級會員可能只有每天在開盤、盤中交易，及收盤的前十分鐘各收到一次老師發的投資簡訊。加入會員可不便宜，鑽石級的會員費每個月要好幾十萬，最差的普通級會員每個月可能也要好幾萬。

投顧老師每個月賺到的會員費，再拿一部分去電視台買時段，上電視分析股票、吹捧自己的操作有多厲害，以便招收新的會員。其實投顧老師哪有什麼明牌？他們要是真的掌握股市明牌，自己投資就好了，何必告訴別人呢？在投顧老師心中，會員只有一種，就是你願不願意花大錢讓他願意早點告訴你資訊，畢竟他買電視時段、請人幫他做研究、找人電話推銷會員，樣樣都要錢，而這些錢都是你付的。你加入會員、聽了他的投資建議後，有沒有真正賺到錢仍然是你家的事，他還是可以賺你的會員費！

從某些角度來看，這真是有如詐騙集團，有些人就算亂報明牌而害投資人賠錢，不用負擔任何責任；但如果換做是前面提到賣連動債的商業銀行，只要是從銀行手中賣出去的，就算不是自己銀行出事所造成的虧損，有時銀行也會被要求要負擔部分的責任。有人就因為投資雷曼連動債血本無歸，控告銀行未於銷售時告知風險，使其誤信為定存型商品，台灣高等法院二審判決定讞中國信託銀行必須要賠償給投資人。亂報明牌沒有責任，銀行賣金融產品卻要負責任，兩者有沒有很不一樣呢？

除了透過電視上的投顧名師取得投資建議，不少人會靠自己認真做功課，利用交易程式來判斷現在該怎麼操作一檔股票。這些資訊我同樣建議「看看就好」，因為交易程式只是把股市或期貨市場的數據加總所得到的統計結果，判斷解讀出投資建議。有些證券公司的下單軟體還會主動告訴你，目前某支股票是多頭還是空頭、趨勢是向上或向下，就是為了要吸引你下單，就算資訊有錯誤或是誤導，他們可是不必負任何責任的。為什麼證券公司的軟體會主動提供投資建議呢？因為證券公司最大的收入就是手續費，客戶多下單，他們才有錢可以賺，因此證券公司會不惜成本開發這種帶有投資建議的下單程式，好吸引你多多下單，這樣才能賺你的錢。證券公司最怕的客戶，就是買了股票就長期持有、不動如山，這樣他們根本很難從你身上賺到錢。

除了證券公司的下單軟體可能有投資建議之外，目前坊間也有不少投資顧問公司推出一些「號稱」專業的下單建議軟體，這種下單建議的軟體其實是違法的，因為他們大部分都沒有股票或期貨顧問行業的執照，卻推出有投資建議的軟體。而這種軟體也沒有你想像中那麼專業，空有一幅很專業的介面，用看似複雜的數學運算和數據追蹤，事實上這種軟體的程式判斷一檔股票多空的標準卻很簡單。通常只要一檔股票站穩五日線、十日線，軟體就判斷這檔股票是多頭。反之，如果該檔股票跌破五日線、十日線，就判定這檔股票是空頭。這種趨勢的判斷沒有什麼大學問，販售這種軟體的商人卻可以藉此賺到錢，實在是一場人性的對賭。怎麼說呢？其實投資人會買這樣的軟體，除了被它複雜的數學和專業的包裝給唬住，也是對自己的投資看法沒信心。股市投資確實是蘊含很大的學問，能在股市獲利的人畢竟是少數中的少數，但是我身在金融界這麼多年，倒是還沒聽過單靠股票、期貨投資軟體，真正在股市、期貨市場賺到大錢的人。

根據我個人觀察的心得，我認為能在股市投資中真正能賺到錢的散戶，都有著與眾不同的人格特質。他們的想法大都相當特立獨行，除了本身非常努力研究投資外，天時、地利、人和也是他們在股市中致勝的關鍵。他們或許願意與人分享他們投資成功的祕訣，但每個人無法複製他人的天時、地利、人和，每個人會成功的機遇也都不一樣，所以就算你完全學會他們成功的那一套祕訣，也要看你是否能遇到雷同的天時、地利、人和，才能像他們一樣賺到錢。

配股給員工，老闆賺更多

台灣是中小企業王國，這些以進出口貿易或製造業為主的中、小企業常獨立奮戰，有時做的比大企業還要好，但是很可惜的是，中小企業賺到的錢，真正拿來投資在台灣的很少，甚至很多企業只要轉往中國大陸，那些資金就一去不回了。這些投入中國的中小企業並不會在台灣上市股票；在台灣上市的，還是那些在台灣、大陸有收益，但卻有海外市場公司，例如幫蘋果代工的公司或零件廠，或是生技產業、零售行業。

如前一章所提，公司要發行股票上市，其實最重要的是要有一個完整而吸引人的故事，讓投資人覺得他們投資後可以獲利賺錢。但是站在上市公司老闆的角度，他們可不是這樣想的。其實台灣很多公司上市只有兩個目的，一就是要「賣股票」，二就是要「現金增資」。公司老闆在公司上市之前多半都投資很多錢，當公司上市時，就是翻倍回收的時候。很多上市公司老闆口口宣稱要股票百分之幾十做公益或是捐出去，實際上大部分的人都是光說不練，他們有沒有捐你根本無從得知，更別說他們在上市之後在背後偷偷賣了好多股票。

有些上市公司老闆號稱員工配股，但是這些股票都有但書，在一定的時間內不能轉賣，配給員工只是讓他們看了高興。而且，配股員工不能賣，老闆卻透過私人投資公司的名義賣掉大量股票，這些給員工的配股，等於替了老闆鎖住流通在市場上大部分的籌碼，老闆賣起股票來，價錢可都是很漂亮的！配股給員工，既能消除市場上不明的賣壓，賣股票的錢又能流到自己的口袋裡，何樂而不為？

不過，等到員工賣股的閉鎖期結束後，通常老闆和大股東們的股票通常也都賣得差不多了，公司股價的高點也過了，有些老闆在這時候就會等著接員工賣出的股票，甚至直接再殺出最後一部分的持股，讓股價跌更兇，有些員工就會嚇著把股票賣掉，這些老闆及大股東們就可以進行「現金增資」。

什麼是「現金增資」？就是發行新的股票，再把這些股票賣出去變成現金。現金增資有如股票換鈔票，印新的股票再把新的股票賣出去，根本不需要花什麼成本，還會讓股本大幅膨脹，原股東對現金增資的股票有優先認購權，很多原股東在上市時已經賺過一大筆了，所以會繼續認購，但是對於非最初的原始股東來說，沒在這時候繼續認購，股權可能會因此被稀釋。也就是說，原本在外流通的股票有六萬張，這時候變成二十萬張，沒有參與現金增資的股東股份比例，當然就被稀釋了。

現金增資的好處就是可以炒高一波股價，因為為了讓現金增資時的價格漂亮，常常會拉高股價，這樣老闆和大股東們可以一邊拉抬股價的同時，一邊賣出部分持股大賺一筆。雖然他們最後不一定會參與現金增資，但是常常會和參與現金增資的投資人、法人機構或是大額投資人私底下談妥好條件，以確保經營權無誤，而這些參與現金增資的大額投資人和大型法人機構，相關的人員也會預先收到公司派送來的好處。

現金增資的另一個目的，就是要稀釋不參與現金增資股票持有人的股權。剛才提過，有些公司有員工配股計畫，藉由現金增資，就可以稀釋員工的配股。很多上市公司的員工為老闆和大股東們辛苦地賣命，最後卻落得持股被稀釋，流通在外的股票一變多，股本一大，股價也上不去。這時如果黑心的老闆把配股當獎金、退休金，這些員工也只能眼睜睜看著自己為公司賣命所換來的股票，被老闆和大股東們越玩越薄愈不值錢。

現金增資還有一個好處，就是可以稀釋一些經營理念不合的原始股東的股權，讓他們再也無法影響公司的決策。這些原始股東通常不會繼續參與公司的現金增資，而都以賣出持股退場。很多上市公司少了一群原始股東的意見和監督，最後就變成一言堂和拍馬屁的公司。如此一來，這種公司的未來能否有展望，就看各家公司的造化了。

上市的好處誘惑台灣企業不思長進

「上市」對企業來說，有上述提到這麼多種好處，也使得台灣很多企業常常只思考如何上市賺錢，品牌和專利權的發展卻遠遠落後國外企業一大截。很多企業主都有個迷思，以為只要公司一上市，就可以股票換鈔票，再拿這些資金去併購，或投入研發，就能「創造」競爭力，卻忽略了「人才」才是企業最大的競爭力，畢竟有優秀的人才，才能創造卓越的產品。就算是台灣的專業經理人想要發揮所長，往往受限於自己和台灣家族上市公司、小型上市公司經營者對公司前景與方向的看法南轅北轍，以致於雖有孔明輔佐，但卻沒有東風相助。

很不幸的，台灣多數的產業並沒有產業升級的思維，只想躲在大企業或政府的保護傘之下，導致台灣很多產業都趕不上世界的變遷。在這求新求變的年代，很多企業的壽命越來越短，股價也是從上市之後就開始直直落。有些企業好不容易拚到上市，就想趕快賣股票，錢賺到手後就想跑掉。

台灣很多上市公司的老闆其實並不在乎公司經營是否真的能國際化、專業化，也不在乎公司是否真正地賺錢。他們關心的是，自己是否能利用公司，替自己的口袋及家族賺錢。不過，這類型的現象不只發生在台灣，想必全球有很多上市公司都有這樣的問題。

股市就是人性與貪婪的結合，是一個由少數人欺騙大多數投資人的醜陋場域，是一個資訊較勁的地方，誰最先掌握到最重要的資訊，誰就是賺大錢的贏家。股市沒有什麼真實的事，只有賺到錢才是最真實的。跟你說了那麼多股市投資的真相，我最後還是那句老話，投資股票，只能謹慎、謹慎、再謹慎！

結語

金融業真是唯「利」是圖，唯我獨「賺」！

在這行業中，想賺你錢的人很多，願意告訴你真相的人卻很少！

私人銀行擅於隱藏富人的財富，讓政府無法課不到稅。投資銀行操弄客戶的血汗錢，賺取豐厚的報酬。商業銀行多半只強調報酬，卻鮮少提及風險，有錢才是客戶。保險公司偷偷地賺走你的時間價值，你的保障卻少得可憐。基金公司玩弄數字遊戲，騙你投資，卻每年躺著要你付管理費。股市只是個貪婪與欺騙的金錢遊戲，大多數的投資人都是被大戶坑殺的犧牲品，真正賺到錢的人寥寥無幾。

金融業有人一輩子都在爭取一個位子，有人踩著同事與客戶們的背往上爬，才得以晉升高位，更有人靠著欺瞞客戶而日進斗金。金融業的人事幕後實況，你爭我奪、高來高去的手法，箇中情況有時真會令你瞪目膛舌！

午妻相爭，宛如帝王後宮

就來說說台灣及國外的銀行業中，令人驚嘆的「午妻」文化吧！

「午妻」顧名思義就是「中午的妻子」。銀行業不像其他行業，中午有固定的吃飯休息時間，一般分行到了中午還是有客戶，企業金融中午有時也在外面跑客戶；交易室更是不用說了，中午時間股票、期貨等等都還沒收盤，所以銀行員工要自行「喬」時間吃午飯。

銀行業是個陰盛陽衰的產業，因此男生在分行裡總是被一群年輕的女生包圍。即便是有家室的男女同事，感情不錯的經常也會刻意喬出時間，大家一起午餐。久而久之，把持不住的人，便會發展出超越同事情誼的「曖昧關係」。這時，我們就稱為這個女的為某男的「午妻」。

既然有午妻，當然就有「午夫」。不過我們銀行業不叫「午夫」，而叫做「午男」，就是「中午的男朋友」。這種關係大都是男長官與女部屬之間的曖昧關係，所以「午男」通常是指愛亂搞曖昧關係的男性主管。

這種驚人的關係通常都發生在上班時間。我就曾撞見，一位企業金融業務的客戶關係經理，在午後和他的女同事從銀行對面的旅館手牽手走出來。不過有時也會擦槍走火，台灣有家美系外商銀行，一名「午男」型的高階區域主管，身邊同時有好幾個「午妻」在爭風吃醋，最後由其中一個「午妻」拔得頭籌，不但職位在兩年之內跳好幾級，最後還弄得這位「午男」鬧離婚，光明正大娶了這位「午妻」。

銀行業人事布局多鬥爭，上班像在演甄環傳

本土銀行業，想升官並不容易。尤其是公營銀行，要在一個位子蹲個好幾年，才會有機會往上爬。而民營銀行人事制度更黑，完全看後台。如果是老闆或大股東的親友，升官就如坐直升機，一飛沖天。沒有後台撐腰，從經辦到經理、協理可能要花十幾年！多數民營銀行流行馬屁文化，懂得逢迎拍馬比什麼都重要。

台灣銀行業的菁英大都喜歡去外商銀行，升遷管道比較透明、暢通。常見的就是靠「跳槽」以快速升遷。澳洲、新加坡、美國來的外商銀行，對台灣市場並不熟悉，任用當地菁英是發展業務最快的方法。外商銀行的高階主管至少要有英語系國家商學相關碩士以上學歷，但這種人才並不好找，因此常「端牛肉」來挖角，許多台灣留學回來的銀行業菁英，在這種需求下，職位與薪資都三級跳。

不過，外商銀行是以「能力」與「業績」為導向，會設定各種指標考核員

工，職位越高，必須扛的指標也越多；一名外商銀行部門總經理就要扛至少二、三十項指標，每項指標都有一個評分，加起來的總分就是你今年的表現，決定你今年的獎金和分紅。這種人事考核制度看似公平，然而，達不到標準就準備走人，完全沒有人情。

外商銀行的高階主管是合約制，通常二、三年一約，沒有保障，卻背負著龐大的業績壓力。當一個外商高階主管跳槽過來，也帶自己的人「空降」，這些空降部隊都是自己的親信，能立刻上手幫他達到業績要求！而銀行原本的員工，則被迫組成另一派「舊勢力」，最終常演變成新舊兩大勢力對抗。

二〇〇三年台灣花旗銀行前總裁陳聖德，就帶一票「花旗幫」空降中國信託銀行，不久後就傳出「花旗幫」和「阿信幫」失和的消息。到最後「花旗幫」只能黯然退出中國信託，外商銀行與本土銀行經營生態的不同，又添一例。

不瞞你說，銀行業私底下的人事鬥爭和人事較勁，可能比連續劇《后宮甄嬛傳》還精采！有時我覺得，銀行業真是上班演甄嬛，下班看甄嬛！

金融業應以服務客戶為尊

事實上，金融業的業務與你的生活息息相關，例如：你的薪資轉帳、信用卡、房貸、車貸、保險、投資等等，都與它脫不了關係。因此，我想金融業所要提供的，應該是協助客戶做正確理財，而不是發明更高明的騙術去賺取客戶更多的錢。

在銷售金融商品前，應明確地告知客戶所面臨的風險與自身能獲得的權益。所有的資訊也要透明與公開，更不應該玩弄數字遊戲去誤導客戶。另外，在建議客戶做任何投資決策時，也要將心比心，視為自己的投資，不是唯利是圖。

我常對我金融業的學生們說，我們是特殊的服務業，不是只管賺錢的吸金行業。我們要幫助客戶成功，而非利用客戶讓我們成功。我的想法或許只是個理想，尤其這幾年美國華爾街搞出來的大事，許多客戶漸漸對金融業不具好感；再加上金融業中一些害群之馬，更讓許多客戶對金融從業人員有些不滿。

金融業的遊戲規則其實很簡單，銀行、基金公司、證券公司、保險公司……

等金融機構本身一定要先賺到錢，才會讓客戶賺錢。客戶賺的是有風險的錢，他們從你身上賺錢卻不用負擔風險，就能荷包滿滿！

金融業沒人在乎你是否賺錢，他們只在乎能從你身上賺到多少錢？自己企業的財務報表是不是很漂亮？如有機會併購，自己企業的賣相好不好？為了想要從你身上挖到更多的錢，他們愛搞些黑把戲。

近年來，金融業的社會價值未能彰顯、企業公益也相對減少。大家常見到商業銀行財富管理、信用卡廣告，卻少見其願意花錢積極地投入公益事業；大家常見到基金公司的巨幅廣告、藝人獻藝歡唱的奢華年終晚會，卻少見到他們對社會的關懷。金融業的本質還是營利事業，私底下並非如廣告所說，以客為尊地服務客戶！

金融巨獸眼中只有大客戶

金融業其實離一般客戶很遠，離有錢人卻很近。

有錢人可以花一％的錢買帝寶，一般人可能連房屋貸款都被刁難，只可以貸到五、六成。銀行業想賺大客戶的錢，很願意貸款給大客戶，所以離大客戶很近；不願意負擔小客戶的貸款風險，所以離一般客戶很遠。

有錢人和一般人差距看似很遠，其實對銀行業來說差距不大。有錢人和一般人的最大差別，在於有錢人勇於借錢投資，一般人不敢借貸。

銀行可以借錢的抵押品五花八門，像是：股票、債券、黃金、合約書、土地、機器設備……等等，端看你如何說服銀行願意借錢給你，另外也要證明你未來有能力還錢。

有錢人的優勢，就是銀行總是相信他們未來應該能還款，雖然常常看錯，但是仍願意冒著風險借錢給他們，因為他們是銀行的大客戶，銀行不願得罪。很多有錢人自己並沒出多少錢，只憑著信用與關係借貸，就能享受銀行的低利資金，去擴張自己的投資與事業。利用別人的錢替自己賺錢，這就是賺錢的最高招。

我在金融業觀察了許久，所謂「有錢人想的跟你不一樣」，這句話很真實。以我私人銀行家的觀察，一個人的財富，和這個人的個性有很大關係。

有錢人勇於借錢投資，但不會亂投資，他們做事情當機立斷，不會優柔寡斷，很明顯地有和一般人有不同的人格特質。

在他們眼中，股票是投機，不是投資。他們總會在市場上最恐懼的時候、一面倒的看衰聲中偷偷加碼前進，在一片樂觀、看好聲之中適時地低調退出，更願意花較長的時間去耐心等待下一次的好機會。此外，他們更善於察言觀色，觀察旁人的反應來調整投資的方向與節奏，這是他們成功的原因。

銀行眼中不少有錢人只是空殼，號稱幾十億資產，背後股票都質押給銀行、房地產也已經設定抵押，負債也有幾十億，所有的榮華富貴都是用借貸營造出來的假象。

但因為向銀行借錢容易，他們可以用錢交到朋友，一起投資做生意，生意可以越做越大。他們拿銀行的錢來成就自己的事業，賺到的錢也都進了自己口袋，所要繳的稅卻很少，對這社會沒什麼貢獻；如不幸投資失利，倒債不還錢，銀行也拿他們沒轍，只能拜託他們還錢。一般人如果循正常管道借不到錢，卻只能求助於當舖和地下錢莊，最後就是以債養債、惡性循環。兩相對照，實在是社會不公平的一面。

成功不在於賺大錢，而在於多少人真正愛你

我相信，一個人給人留下的印象，往往不是他賺了多少錢，而是他做過什麼樣的事，一個人的成功並不在於財富。

股神巴菲特曾在美國的一所大學演講。學生問：「你認為什麼樣的人生才是真正的成功？」他沒有提到財富，而是說：「其實你們到我這個年紀就會發現，衡量自己成功的標準，就是有多少人真正關心你、愛你。」巴菲特還說出

了人生的一個秘密：「金錢不會讓我們幸福，幸福的關鍵是我們是否活在愛的關係裡。」在生意人的帳本中，記錄著收入與支出，兩者相減，就是盈餘。但是，在人生的帳本中，記錄著愛與被愛，就是一個人的成就。

這幾年台灣職場環境普遍面臨工資低、工時長的問題，上班族領死薪水，賺不到什麼錢，也有不少人想從創業或投資著手，但卻都有其困難之處。

台灣的創業環境惡劣，主要是資金來源問題。雖然智慧型手機、網路的發展，大幅降低創業時行銷的成本，但是有錢人只願意靠錢滾錢，他們投資的公司，只有那些未來有市場潛力、或能把 Business Model（商業模式）變為現金收入的中、小型企業。在利益考量的前提下，很多人投資只想快速回本及迅速致富，企業發展與良心經營，他們並不關心。

也有一些人想要靠著投資替自己加點薪，但是投資真的不是件簡單的事，不論是哪一種投資標的，真正能獲利的只是寥寥可數，大多數的人是花錢買賠錢的經驗，一再記取上次賠錢的教訓。

股市投資很多人栽在人性的險惡。股價只是反應一般投資大眾的預期心理，一家公司葫蘆裡真正的藥膏，只有少數人知道。這是一個資訊不對稱的市場，不公平的黑暗金錢遊戲，想要在股海裡賺錢，真可謂「千金難買早知道」！

基金投資或許比較簡單，但是賺錢的還是基金公司，就算投資看錯，還是有管理費可以賺，投資人要養基金公司和投資經理人，負擔全部的風險，但獲得的回報其實有限。

保險公司是金融巨獸，擁有龐大的現金資產，卻把他們的風險轉賣給再保險公司，賺走你的時間價值，但是給你的卻是保障少、保費高的產品。有錢人愛用保險來節稅，但保費可能不是他自己付，保險有信託的功能，不會因為負債或是保單借款而影響受益的權益。

台灣金融業缺乏競爭力

近年來，台灣金融業已經變成微利行業，除了彼此競爭激烈外，也缺乏國際級大型「領頭羊」的金控公司，可以在國際金融市場上與其他對手競爭。

金融業可以透過同業的整併與合作，提升自身的競爭力，我們從最近開發金控併購萬泰銀行的案例，可以看出這個趨勢。不過，金融業的合併並不容易，光是合作就很難。被併購的萬泰銀行，其大股東是外資，所以在合併過程中阻力較少。但如果是兩家本土金控談合併，可能比登天還難。

金融業是少數人的利益，如果沒有吸引人的利益可賺，金控大老闆們為什麼願意談合作與合併呢？其實一個併購案就如雙方談戀愛一樣，有時交往一段時間之後，才發現彼此並不合適，最後也沒有結婚。身為媒婆的投資銀行，常常牽線了很多人，最後結得成婚的，也只有一、兩對。

今日的金融行業已經變成一個複雜且多元化的行業，只要在法令准許的範圍內，什麼都想賺，多角化的投資和大型金控的整併已是目前金融業的趨勢。

隨著金控的資產越來越大，各家金控的競爭日趨激烈，這對客戶來說是件好事，多了些選擇。但是在龐大金控組織的背後，如何提升自身經營的績效、降低風險、博取更多客戶的信任，正是多數金融企業老闆不斷思考的問題。

不管是銀行業、證券業、保險業、資產管理公司、投資信託公司、投資銀行、私人銀行，對他們來說，客戶才是金融業最寶貴的資產、最主要的獲利來源。在這資訊發達、知識普及的年代，客戶的金融知識已非吳下阿蒙，金融業若無法改變思維、不斷創新、提供更完善、更全方位的服務給予客戶，並提升自身專業的形象與人員的素質，只會與客戶的距離越來越遠。

不久的將來，台灣金融業面對更強的競爭對手，像是陸資銀行以及保險、證券公司、信託公司的登台設點，還有威脅更大的第三方支付理財平台。台灣金融業該如何維繫客戶的信任，是金融業者迫在眉睫的任務。

在你讀完本書、洞悉金融業各樣操弄手法之後，我還是要叮囑你：投資要謹慎。祝你好運！

高寶書版集團
gobooks.com.tw

致富館 RI274

誰A走你帳戶裡的錢？銀行高層大爆料！為何你總是賺不到錢？

作　　者：Johnny
商管線總編輯：陳翠蘭
編　　輯：王馨儀
校　　對：王馨儀、陳翠蘭、Johnny
美術編輯：黃鳳君
排　　版：彭立瑋
出　　版：英屬維京群島商高寶國際有限公司台灣分公司
Global Group Holdings, Ltd.
地　　址：台北市內湖區洲子街 88 號 3 樓
網　　址：gobooks.com.tw
電　　話：(02) 27992788
電　　郵：readers@gobooks.com.tw（讀者服務部）
pr@gobooks.com.tw（公關諮詢部）
電　　傳：出版部　(02) 27990909　行銷部　(02) 27993088
郵政劃撥：19394552
戶　　名：英屬維京群島商高寶國際有限公司台灣分公司
發　　行：希代多媒體書版股份有限公司 /Printed in Taiwan
初版日期：2014 年 3 月

國家圖書館出版品預行編目 (CIP) 資料

誰A走你帳戶裡的錢？銀行高層大爆料！為何你總是賺不到錢？ / Johnny 著 . -- 初版 . -- 臺北市 : 高寶國際出版：希代多媒體發行 , 2014.03
面；公分 . -- (致富館 ; 274)

ISBN 978-986-185-973-6(平裝)

1. 金融業

561.7　　103001360

GOBOOKS & SITAK GROUP©